みんなが使っている！

VSCode
ブイエスコード

［プログラマーを目指すなら確実に身につけたい必携ツール］超入門

JN103500

はじめに

プログラミングを学ぶとき、案外面倒なのが「環境の構築」です。

プログラミングにおける「環境」とは、プログラムを書いて実行するために必要な、「OS の設定」や「ソフトウェア」のことです。

*

以前のように、「環境変数」とか「レジストリの編集」というような危うい操作は、今は必要なさそうですが、それでも、「編集に必要なソフトウェアは?」「実行方法は?」「実行結果はどこで確認するのか?」という実践方法に、【第1章】の大半が費やされることは、今でもときどきあります。

まず、「テキストエディタ」というものが、案外、世の中では知られていません。
「容量が小さいから」と、「テキスト・ファイル」に書いたものをメールに添付して送ったら、「読めないので "Word ファイル" にしてください」と頼まれて、"ガーン" ときた経験が筆者にもあります。

*

初めてプログラミングを学ぶ人にとって、「コード・エディタが必要」と言われても、「それはいったい?」と悩むのは当然と言えましょう。

1990 年代末から 2000 年代初めにかけて、「コード作成」から「実行」までを同じ画面でできる「オールインワン」の「統合開発環境 (IDE)」が、「Java」のプログラミングを中心に人気を得ました。
しかし、機能が多すぎて、「動作が重い」「ボタンやメニューの意味が不可解」「不具合が多い」などの使いにくさもありました。

2023 年を数える今は、「高機能テキストエディタとコマンド操作の組み合わせ」が好まれているようです。

*

この組み合わせを、1 つのソフトウェアでできるようにしたもので、今最も人気があると言えるのが、マイクロソフトが開発し、無償公開している「Visual Studio Code」(ビジュアルスタジオ・コード)、略して「VSCode」(ブイエス・コード) です。

プログラミングの教本で、「VSCode を用いた実践例」を提供しているものは、大変多いと思います。

そこで、本書では、「VSCode」の使用法を、図を多用して詳しくご紹介したいと思います。
プログラミングの例としては、"Web ブラウザ" さえあればできる、「HTML + JavaScript」。

コード書きはなるべく少なくして、「VSCode」の操作に注目したいと思います。
そのため、コードそのものの説明は省略しますが、「VSCode」にはコードの自動入力機能があるので、苦労はしないはずです。

なお、ソフトウェアの操作や動作について、初めてプログラミングに挑む方には聞き慣れない用語が少なからずあると思います。
スマホやタブレットのほうが使い慣れているという方も多いと思いますので、PC 特有の用語も可能な限り説明します。

*

本書の動作環境は、OS が「Windows11」、「Visual Studio Code」のバージョンは「1.77」です。
Web ブラウザは「Google Chrome」ですが、ブラウザ特有の機能は使いませんので、他の種類でも問題ありません。

清水美樹

みんなが使っている！VSCode超入門
～プログラマーを目指すなら確実に身につけたい必携ツール～

CONTENTS

第1章

「Visual Studio Code」の導入

　本書の最初に、「Visual Studio Code」というソフトウェアについて、少し説明します。

　それから実際に手を動かして、お手もとのコンピュータに「Visual Studio Code」を導入して、使いやすくなるよう設定します。

1-1　「Visual Studio Code」とは

　「VSCode」と呼ばれる「Visual Studio Code」とは、「何ができるソフトウェアなのか」「どうしてできたのか」など、用語の説明も交えて解説します。

■ アプリのプログラミングに必要なソフトウェア

●アプリ、プログラム、ソフトウェア

　そもそも、我々は、「VSCode」というものを使って何をしたいのでしょうか。

　そうです、アプリのプログラミングです。

　そこで、用語を少し整理しておきましょう。

[アプリ]

　アプリケーションの略。意味は「応用的なソフトウェア」。

　これに対して、Windowsなどの「OS」(オペレーティングシステム)は、「基本ソフトウェア」に相当する。

　私たちが、具体的な目標を達成するのに使う、規模の小さいソフトウェアに使われることが多い。

[プログラム]

　コンピュータに、動作をさせるための命令をまとめて記録したソフトウェア。

　もともとの名前は「コンピュータ・プログラム」。

　「TVプログラム」や「式典プログラム」のように、順序に従って実行される意味をもつ。

　人間が書いたままの内容も、機械語に変換されたものも含む。

[ソフトウェア]

　「ハードウェア」である電子機器を動かすための信号を、なんらかの媒体に記録したもの。

　なお、「ウェア」とは「作成物」の意味。

　「アプリ」も「プログラム」も「ソフトウェア」で総称できると考えていい。

●アプリのプログラミングに必要な作業

　アプリのプログラミングに必要な作業は、大別して以下のとおりです。

(1) アプリを動作させるための命令を書く　(これがプログラミング)

(2) プログラムを保存するための場所である「ファイル」や「フォルダ」を、規則どおりに作成する

(3) 必要な場合、プログラムに変換処理をする

(4) プログラムを実行して ([実行]プログラムに書かれた命令を順次コンピュータに送ること)、期待したとおりの結果が得られるかどうか確認する

これらの作業をすべてできるようにするソフトウェアが、「Visual Studio Code」です。あのマイクロソフトが開発し、無償提供しています。

■ マイクロソフトの「Visual Studio」の簡略版

●「Visual Studio」とは

「スタジオ」は「工房」。

「ビジュアル」とは、昔は何でも文字で一行ずつ表現するしかできなかった操作を、ボタンやリストなど視覚的な対象を用いて行なえる、という意味で付けられた名前でしょう。

マイクロソフトがWindows用のソフトウェア開発のために作成した「Visual Studio」の簡略版が、今回解説する「Visual Studio Code」です。

以後、「VSCode」と呼びます。

●「Visual Studio」に比べた利点

「Visual Studio」の簡略版であることの利点には、「ソフトウェア自体のデータ量が小さい」「操作に対する応答が速い」とともに、「自分自身の特定の目的のために使い方を工夫[カスタマイズ]しやすい」という利点があります。

*

以上、初めてのプログラミングで、プログラミング言語に関わらず「VSCode」を使う意義がある予感が湧いてきたのではないでしょうか。

解説はひとまずここまでにして、さっそく「VSCode」をコンピュータに導入してみましょう。

1-2 「VSCode」を入手

「VSCode」は、マイクロソフトが開発・保守し、無償提供しています。これを、インターネットを通じて入手します。

■「VSCode」のホームページに関わる用語説明

●Webサイト、Webブラウザ、ホームページ

インターネット関連でよく使われる用語を、少し整理しておきましょう。

[Webサイト]
「インターネット」は、今のように世界中で発行している文書やデータを利用できるネットワークシステムですが、「蜘蛛の巣のように広がっている」ので、「ワールドワイドウェブ」、略して「ウェブ」と呼び、「インターネットの用語」ということで、「Web」と英語表記するのが普通になっています。

「サイト」は、「ナニカが行なわれている場所」の意味で、「Web上で文書などの公開が行なわ

れている場所」という意味で、「Webサイト」です。

[Webブラウザ]

　Webサイトが提供している文書を閲覧(ブラウズ)するためのアプリケーションを、「Webブラウザ」と呼びます。

　古くは、「Internet Explorer」、今は「Microsoft Edge」、「Google Chrome」などが主な「Webブラウザ」です。

[ホームページ]

　Webブラウザに表示される文書は、「ページ」と呼ばれ、その中心となるページが「ホームページ」ですが、特定の個人や団体が運営しているWebサイト全体を「ホームページ」と呼ぶことも普通にあります。

　筆者はアルファベットとカタカナを混ぜ込むのを好まないので、「ホームページ」または「ページ」という用語を多用します。お赦しください。

●アドレス、URL

[アドレス]

　ホームですから、訪ねるには「アドレス(住所)」が必要です。「VSCode」のホームページのアドレスは、以下のとおりです。

[VSCodeホームページのアドレス]

https://code.visualstudio.com/

　このアドレスは、正式には「URL」(Uniform Resource Locator)と呼びます。

　「そのデータの場所を示す、唯一の識別名」のような意味です。

　Webブラウザの「アドレス欄またはURL欄」にアドレスを入力すれば、そのWebサイトの内容を利用できることは、スマホでもPCでもお馴染みでしょう。

　図1-1が、このようにしてWebブラウザ上に表示された「VSCode」のホームページの様子です(2023年4月現在)。先ほど解説した用語のいくつかも図中で確認しておきましょう。

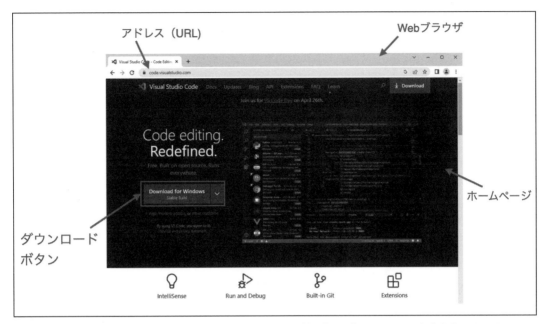

図1-1 「Webブラウザ」にVSCodeの「ホームページ」の「URL」を入力して、中身を表示させた

※「VSCode」には「専用ホームページ」がある

　「VSCode」は、マイクロソフトが開発管理しているソフトウェアですが、独立した「VSCode」専用のホームページがあり、このホームページ内で解説文書なども提供しています。

　Webブラウザで「Visual Studio Code」というキーワードで検索すると、日本語のマイクロソフトのページと英語の「VSCode」のページが探されてきますが、マイクロソフトのページから「VSCode」のページに移動させられるので、結局は同じです。

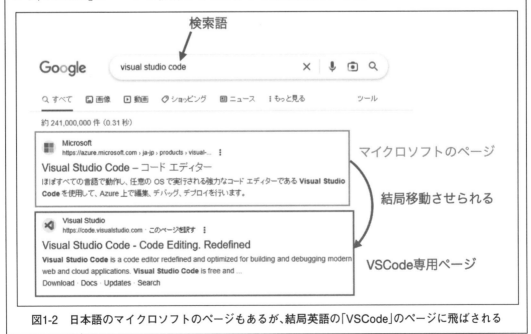

図1-2 日本語のマイクロソフトのページもあるが、結局英語の「VSCode」のページに飛ばされる

●**ダウンロード**

図1-1に、「ダウンロード」と示したボタンがあります。

[**ダウンロード**]はさすがにお馴染みの用語だと思いますが、「ロード」は「貨物などを載せる」という意味です。

インターネットの向こうのソフトウェア保管場所から、お手元のパソコンの保存領域に、データを送るのが、「ダウンロード」です。

※**図1-1**のダウンロード用ボタンには「Windows用のダウンロード」と表示されています。

Webブラウザでどこかのページを読み込むときは、そのページの運営元に、OSやブラウザの情報を送っているので、このように検知されているのです。

これは昔からのインターネットの約束事で、そのOSやブラウザに適切な様式でページを表示させるのに必要な情報です。

そこで、**図1-1**のダウンロード用ボタンをクリック（マウス・ポインタを置いて、マウスのボタンを押すこと。スマホの「タップ」に相当）すると、Webブラウザの表示が**図1-3**のように、「VSCode」の技術解説のページに切り替わるかもしれません（2023年4月現在）。

しかし、裏では、「VSCode」の「インストーラ」がダウンロードされ、お手元のPCの「ダウンロード」フォルダに保存されます。

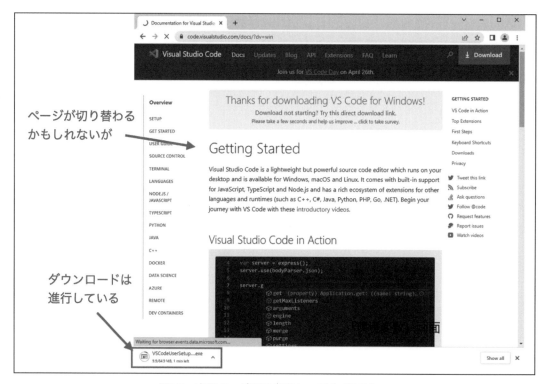

図1-3　突然ページが切り替わっても、慌てない

●インストーラ

　PCの「ダウンロード」フォルダに、**図1-4**のようなアイコンが表示されているでしょう。これが「VSCode」の「インストーラ」です。

　「青いリボン」が立体的に輪を作っている（結び目はない）のが、「VSCode」のロゴです。

（※ロゴは「ロゴグラム」の略で、ロゴス（言葉）をグラフ（絵）にするというギリシャ語から来ています。）

　ただし、ダウンロードした時期によって、バージョン番号は異なると思います。**図1-4**は、バージョン「1.77.3」となっています。

図1-4　「VSCode」の「インストーラ」

[インストール]

　「据え付け」のような意味があります。アプリケーションを適切に動作する形で保存したり、必要な設定を行なったりします。

　インストールに必要な作業をすべて自動で行なうソフトウェアが、「インストーラ」です。

[バージョン]

　基本的には、同じソフトウェアが一部改変されて、時間的に後から提供されたものが、新しい（番号の大きい）バージョンと呼ばれます。

　新しいバージョンが提供された場合、原則的に古いバージョンの使用を終了し、新しいバージョンを使っていくことになります。

1-3　「VSCode」をインストール

　「VSCode」のインストールは、他の多くのアプリケーションの場合と同様「ウィザード」によって自動で行なわれるので、簡単です。しかし、どのように進められるか見ておきましょう。

■ インストーラの起動と進行指示

●アイコンをダブルクリック

　図1-4に示された絵は、もちろん、ただのロゴマークではありません。

　「ダブルクリック」するとインストーラが起動します。

こういう仕組みをスマホでは「ボタン」と呼ぶことが多いと思いますが、PCでは昔からの
[アイコン]（「シンボル」のもったいぶった呼び方）がまだ使われています。

●インストーラの実行を確認
まず、図1-5またはこれに似た画面が現われると思います。

近年、ユーザーを騙してコンピュータに不正なアプリケーションをインストールさせる事
件が増えているので、Windowsでは「どのファイルを実行しようとしているのか」「発行元は
どこか」をいったん確認するように求めるウィンドウを出すことがあります。

このような「警告ウィンドウ」は非表示にすることもできますし、「実行」をクリックすれば、
そのままインストールが進行しますが、一度よく確認して、アタマを冷静にしてから「実行」
をクリックするようにお勧めします。

「ハイハイ、つぎつぎ」と進めてしまうときに、"落とし穴"はよく出ます。

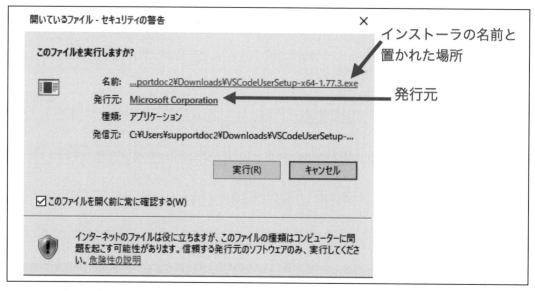

図1-5　インストーラを実行するかどうか、いったん冷静になって確認してから「実行」

●インストール・ウィザード
いよいよインストール開始です。
この作業は、図1-6のような小さい画面上に表示される質問や指示に従いつつ、「次へ」ボタ
ンをクリックして進めます。このような形式を、[ウィザード]と呼びます。

昔、すべての作業を自分でしなければならなかった時代に、魔法使いのようにラクにして
くれると感じられたからだと思います。

とはいえ、図1-5の警告同様、よく読んで考えてから設定を選択し、次に進むようにお勧めします。

*

図1-6は、「VSCode」のインストール・ウィザードの最初の画面ですが、「使用許諾契約者の同意」を求める画面です。

同意しないと、インストールを開始できません。

随所で行なわれているアンケートでも歳高人気と言われているVSCodeですから、同意しても困ったことになる懸念は小さいと考えられます。

内容をよく読んで同意できるならば「同意」を選択して、「次へ」進んでください。

小さいウィンドウで読みにくい場合は、以下のURLに同じ内容が記載されており、Webブラウザの広い画面で読むことができます。

VSCodeの使用許諾契約全文

https://code.visualstudio.com/license?lang=ja

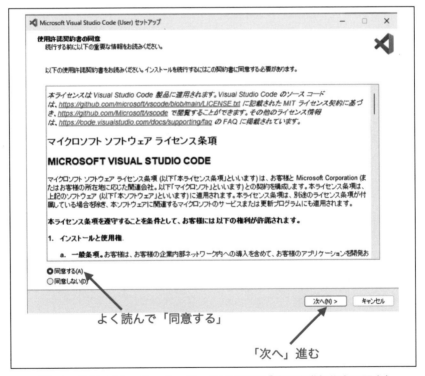

図1-6 「インストール・ウィザード」の最初は「使用許諾契約者の同意」

●「VSCode」のインストール場所

図1-6から次に進むと、「VSCode」というソフトウェアをどこに保存するか、その場所の初期設定が表示され、必要に応じて変更できます。

初期設定では、図1-8に示すように、「C:\Users\ユーザー名\AppData」という場所で示されるフォルダに保存されます。

これは、個人に与えられた保存領域の中であり、OS全体には影響を及ぼしません。

そこさえ押さえておけば、具体的な保存場所を覚えていなくても、[デスクトップ] (スマホのホームスクリーンに相当)の起動アイコンや「スタート」メニューから起動できるので、初期設定のままで「次へ」をクリックして進んでも問題ありません。
起動方法については、後述します。

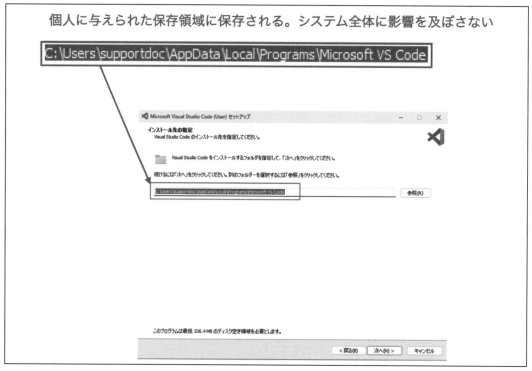

図1-7　「VSCode」というソフトウェアの保存場所。初期設定を確認し「次へ」進む。

●「スタートメニュー」への登録

図1-7の次は、「VSCode」を、後述するWindowsの「スタートメニュー」上のどこにどのような名前で登録するかの設定です。

図1-8が初期設定で、「Visual Studio Code」となっています。
よほど自分の好みや必要に合わせたいのでなければ、このままで問題なく、次へ進みます。

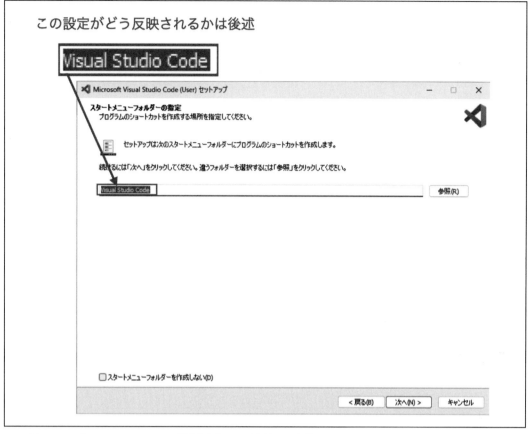

図1-8　スタートメニューへの登録形式。よほど変更の必要がない限り初期設定のままで問題ない

●ファイルやフォルダを「VSCode」で開く設定

　図1-8の次は、細かい設定です。

　特に初期設定のままで次へ進んでもよいのですが、以下の設定を追加できます。

・デスクトップ上にアイコンを作成
・編集したいファイルや、編集したいファイルの入っているフォルダを選んで、マウスの右
ボタンで「コンテキスト・メニュー」を出したとき、これらのファイルやフォルダを「VSCo
de」で開くというメニューオプションが出てくるようにする。

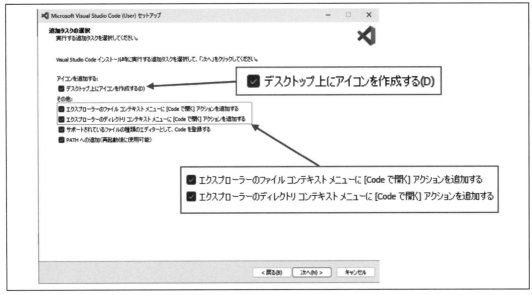

図1-9 「VSCode」を簡単に開けるように設定する

加えて、これらの用語を整理しておきましょう。

＊

図1-9の説明に使われた用語は、以下のとおりです。

[ファイル]

　プログラムの内容がまとまって記述された記憶領域。

　文書をまとめることを「ファイリング」という呼び方からきています。

　コンピュータ上でのファイルは、1個のアイコンで表わされています。

[フォルダ]

　同じ目的に用いるファイルのグループ。

[ディレクトリ]

　同じ目的に用いるファイルが「同じ場所に置いてある」と見る場合、その「場所」の意味。

　「フォルダ」と同じ。

[エクスプローラ]

　「探検家」という意味ですが、往年のWebブラウザ「インターネット・エクスプローラ」のことではなく、「ファイル・エクスプローラ」であり、ファイルを読み書きする機能またはその操作画面を呼びます。

[コンテキスト・メニュー]

　コンテキストとは「関連情報」の意味です。特定のファイルやフォルダが持っている関連情報を一覧するメニューがコンテキスト・メニューです。スマホの「長押しメニュー」に似た感覚です。

●インストールは待つだけ

最後に、図1-10のようにインストールの設定をすべて確認する画面になります。
「インストール」ボタンをクリックして、自動インストール作業を開始させます。

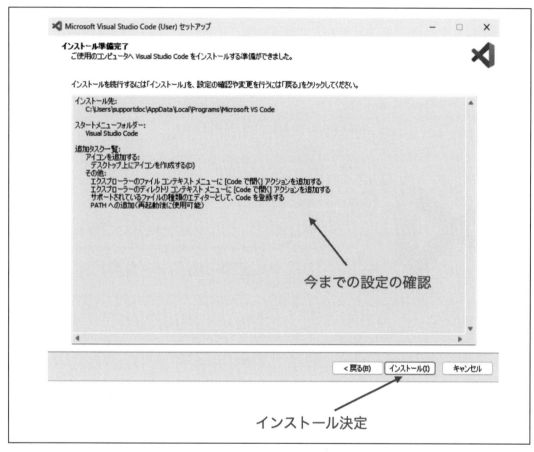

今までの設定の確認

インストール決定

図1-10 設定を確認して「インストール」を決定

図1-11のように、インストールの進捗状況が伸びる横棒や文字で説明されます。

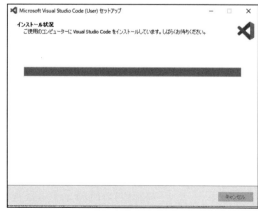

図1-11 インストールが進んでいく

インストールが終了すると、図1-12のような画面が表示されます。

初期設定では、図1-12で「完了」ボタンをクリックすると、すぐに「Visual Studio Code」を実行するという設定になっています。

今日はもう作業をしないというのであれば、図1-12に拡大で示したチェックボックスを「オフ」にしますが、普通はこれからすぐに使うでしょうから、このまま「完了」ボタンをクリックします。

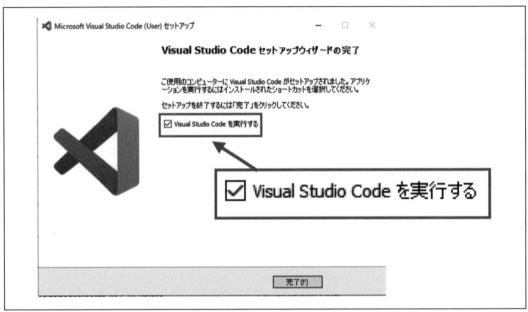

図1-12 「VSCode」のインストールを完了

1-4 「VSCode」を使いやすく設定

インストールを終えて、「VSCode」が今起動した状態にあります。

使いやすくなるように、いくつかの設定変更を行ないます。

いろいろな方法がありますが、もっとも統一された方法は、「コマンド・パレット」を用いた設定です。

■ 色テーマを変更

●英語？日本語？

最初に起動した「VSCode」の画面は、「VSCode」のバージョンまたはOSによって、「日本語」だったり「英語」だったりします。

本書では、まず「英語版」の画面が表示された場合について、「日本語化」も含めて解説します。

●最初の画面は暗色系

　また、最初に起動した「VSCode」の画面は、背景色が黒で文字が基本的に白の「暗色系」ですが、白を背景にした「明色系」のほうが好きな方もいるでしょう。

＊

　本書では、これから「明色系」の画面で説明していきます。

　そこで、まず最初に、色テーマの変更方法から説明します。

　「Visual Studio Code」では、画面の上部にメニューがあります。

　まず、「View」(表示)を開いて、選択肢から「Command Pallet」(コマンド・パレット)を選びます。

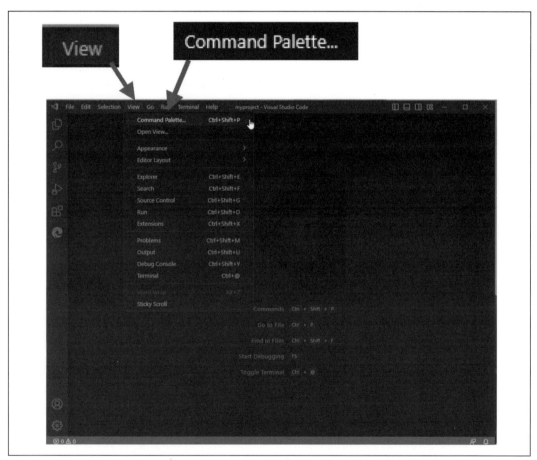

図1-13 VSCode を起動して、「コマンド・パレット」を表示させる操作

●テーマ変更のコマンドを選ぶ

　図1-13の操作により、「VSCode」全体の画面の上部中央に「コマンド・パレット」が現われます。図1-14のとおりです。

　[コマンド]とは命令のことです。

　「コマンド」というと、黒い画面に文字を打ってイメージをもつ人も多いと思いますが、コンピュータ全体、またはアプリケーションに何かの動作を命令するのであればどんな方法でも「コマンド」です。

　「VSCode」の「コマンド・パレット」では、「VSCode」に何かをさせるためのすべてのコマンドを一覧でき、必要なコマンドを実行できます。

　今回必要なのは、「背景色」や「文字色」の変更です。背景が暗ければ文字は明るく、またはその逆、というような色の組み合わせを[テーマ]と呼びます。

　これから、「VSCode」の色テーマを変更します。
　それはどんなコマンドでしょうか？正確に知っている必要はありません。ただ「色」なので、「color」で検索すればいいのです。

　図1-14のように、検索欄に「color」と入力すると、3つの候補が現われます。
　そのうち、「Preferences（プリファレンス、設定の意味）：Theme Color（色テーマ）」と書いてあるもの、つまり、「色テーマの設定コマンド」を選びます。

> ※「設定」に相当する英語はいろいろありますが、ここでPrefereces（カタカナ表記は単数で「プリファレンス」）は、もともと「ある物を他の物より好む選択」の意味があります。「お好みに合わせた設定」です。

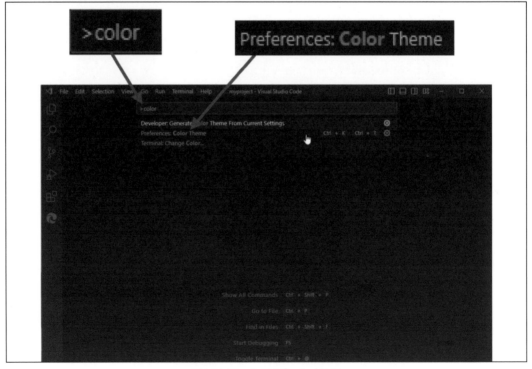

図1-14 コマンドを「color」検索

図1-14の操作によって、同じパレット上に、色テーマの一覧が現われます。

図1-15で選んだ「Light」(Visual Studio)というのは、「VSCode」やその親玉の「Visual Studio」に用意されている明色系色テーマです。

他に、OSに合わせた明色系などもありますが、あまりこだわるものでもありません。

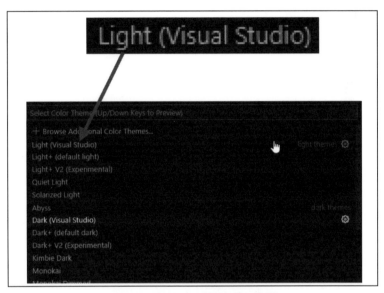

図1-15 色テーマを明色系に変更

■「VSCode」の日本語化

●「VSCode」の画面が英語版だった場合

まずは全体が明色系になり、黒の背景に白だと主張が強いように感じる筆者などはホッとします。

さて、「VSCode」で日本語が最初から表示されているのであれば、以下の日本語化に関する作業は必要ありません。

本書の図1-13や図1-14のように英語が表示された場合、以下のように日本語化します。

●コマンド・パレットから「language」で検索

日本語化設定も、コマンド・パレットから検索します。

キーワードは「language(言語)」ですが、言語というとプログラミング言語関係のコマンドも上がってくるので、ちょっと面倒です。

「display language(表示言語)」と書いてあるコマンドを選びます。

図1-16　明色系で見やすくなったコマンド・パレットで「Change display language」選択

　図1-16の操作で、表示言語の一覧がコマンド・パレットの位置に現われます。図1-17のとおりです。ここから「日本語」を選びます。

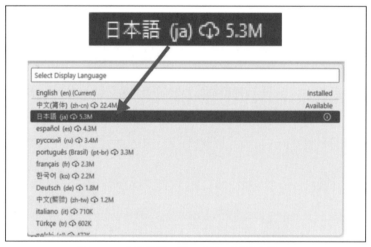

図1-17　表示言語一覧から「日本語」を選ぶ

●「VSCode」を再起動

　図1-17の操作で言語を「日本語」に切り替えると、「VSCode」を再起動するように求められます。
　バージョン「1.77」では、図1-18のように画面中央と下にメッセージが表示されますが、どちらか一つ「Restart」ボタンをクリックすれば、再起動されます。

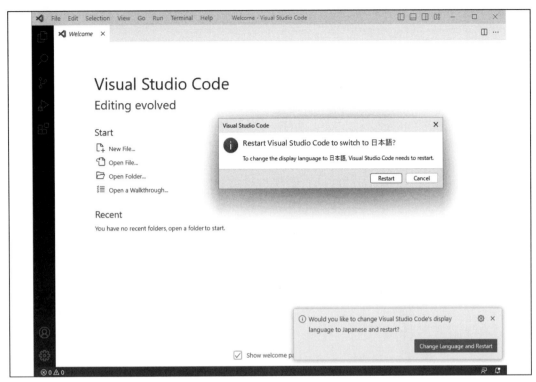

図1-18 再起動を求められる。どちらかのボタンで進める

再起動すると、「明色系」かつ「日本語表示」で、使いやすい画面になります。

図1-19 これで使いやすい画面になった

■ 終了と次回からの起動

●「VSCode」の終了

「VSCode」の終了は、他のWindowsアプリと同様です。

正式には、上部のメニューから「ファイル」→「終了」を選びます。
または、右上の「バツ印」をクリックします。
図1-20に、その方法を両方示します。

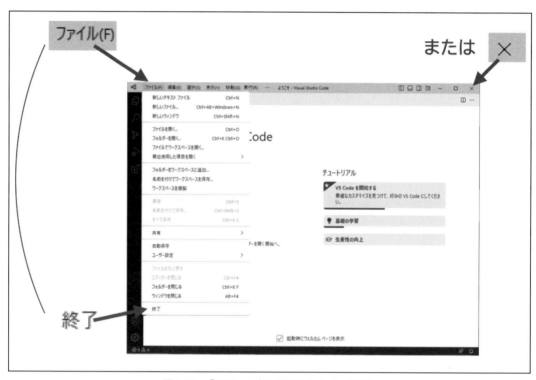

図1-20　「VSCode」の終了のしかた、2通り

●VSCodeの起動

[手順]

[1]デスクトップアイコンから、次に、起動する場合、図1-9で「デスクトップアイコンを作成」
にしておくと、図1-21のようなアイコンが作成されています。

これをダブルクリックすれば、起動します。これが最も簡単な方法です。

図1-21　「VSCode」のデスクトップアイコン

[2] スタートメニューにピン留め

Windows10やWindows11に共通の操作ですが、「VSCode」をスタートメニューに登録するには、まず図1-22の操作で「すべてのアプリ」を表示させます。

図1-23のように「VSCode」のアイコンを探し当てたら、これを右クリックして出たメニューから「スタートメニューにピン留め」を選びます。

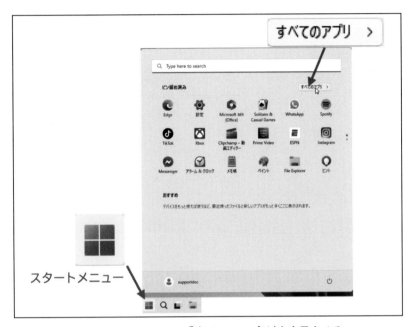

図1-22　Windows11で「すべてのアプリ」を表示させる

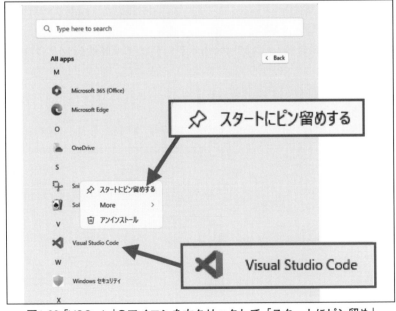

図1-23 「VSCode」のアイコンを右クリックして、「スタートにピン留め」

[3]タスクバーにピン留め

　「スタート」にピン留めされたアイコンを右クリックすると、メニューが出て「タスク・バーにピン留め」を選べます。

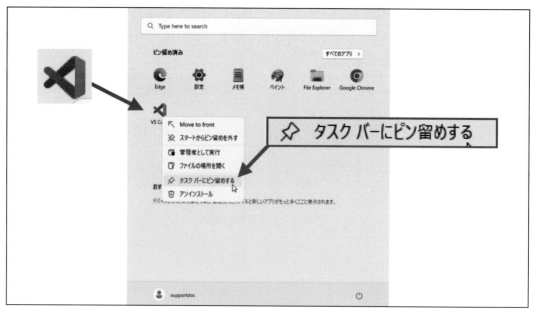

図1-24　「スタート」にピン留めされた「VSCode」について、さらに「タスク・バーにピン留め」

　これで、いろいろなところから、「VSCode」を起動できるようになりました。

　図1-25が、Windows11のタスク・バーに「VSCode」のアイコンがピン留めされたところです。

図1-25　タスク・バーに「VSCode」のアイコンがピン留めされたところ

　これで、「VSCode」の環境は整いました。

＊

　次章では、「VSCode」でHTML文書を作成しながら、基本的な使い方を実践していきましょう。

第**2**章

「VSCode」の基本的な使い方

　「VSCode」で簡単なプログラムの
ファイルを書きながら、基本的な操作
法をひととおり習得します。
　プログラムは、「Webブラウザ」さ
えあれば書ける、「HTML」です。

2-1 「VSCode」で「ファイル編集の準備」をする

「VSCode」では、任意の一つの「フォルダ」を開いて、その中の「ファイル」を編集します。その作業を通じて、「VSCode」の構造を学んでいきましょう。

■「VSCode」で「フォルダ」を開くまで

●全体を「ワークベンチ」と呼ぶ

「ワークベンチ」とは、「木工作業」などに使われる「長机」のことですが、要するに、「作業台」です。

＊

「VSCode」の「ワークベンチ」には、プログラムを構築する作業のために、いろいろな「道具」が置いてあります。

　図2-1（左）がそもそもの「ワークベンチ」（作業台）、図2-1（右）右側が「VSCode」の全体像で、これを「ワークベンチ」と呼びます。

　「作業台」の上に「道具」を置くように、「VSCode」のいろいろな場所に、作業のための「道具」があるからです。
　どんな「道具」があるのか、見ていきましょう。

＊

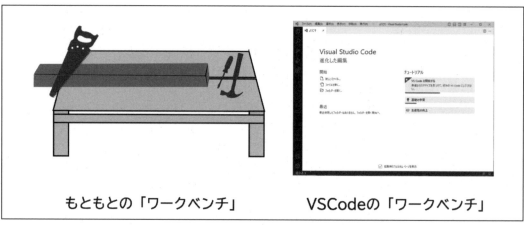

もともとの「ワークベンチ」　　　　VSCodeの「ワークベンチ」

図2-1　「VSCode」の全体は「ワークベンチ」と呼ばれる

●エディタ領域

「VSCode」はアプリケーションとしては、「コード・エディタ」に分類されます。

　[コード]とは、もともと「暗号」の意味ですが、私たちが書く比較的意味が分かりやすい文も、「プログラム・コード」と呼びます。

[エディタ]は、「編集するもの」の意味です。

この「コード・エディタ」の中で、実際にコードを書いていく領域を、「エディタ」と呼びます。それは、図2-2で、「ようこそ」という内容が表示されている部分です。

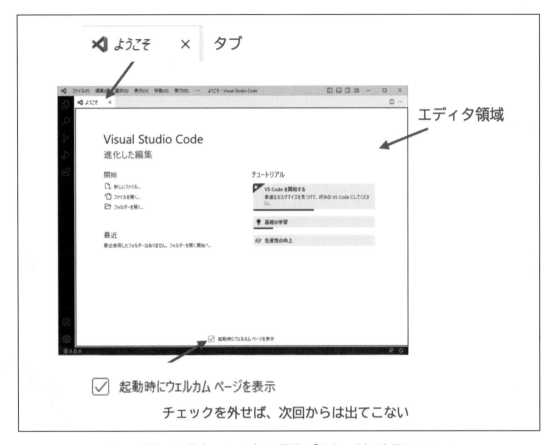

図2-2　最初の起動時には、エディタ領域に「ようこそ」が表示されている

この「ようこそ」は編集できません。

「クリックして、基本的な操作のコマンドを呼び出せるリンク」や、「ブラウザを起動して、「VSCode」のホームページ上の[チュートリアル](具体的な操作の解説)を開けるリンク」などがありますから、便利といえば便利です。

しかし、必要ない場合は、画面下部の「起動時にウェルカムページを表示」というチェックボックスのチェックを外しておいてから、上部にある「ようこそ」というタイトルの記された[タブ](ページをめくりやすくする「つまみ」に似せた画像表現)の「×」印をクリックします。

これで、図2-3のような画面になります。

＊

「エディタ領域」に表示されているのは、「作業台」にたとえれば、「台」そのものの表面です。編集できるものは、まだ何もありません。

図2-3　これが本当の「初期状態」

●左側の「アクティビティ・バー」

　図2-3にも見えるように、真ん中にある広いエディタ領域の左側に、ボタンが縦に並んでいます。この細長い縦の領域を、「アクティビティ・バー」と呼びます。

　[アクティビティ]は「活動」という意味ですが、最近のIT用語では、「自分から行なったり、他から受けたりする動作」の総称であるようです。

　[バー]は「平たくて長い板」です。
　スマホではなるべく画面を広く取るため、固定された操作領域を嫌いますが、パソコンではこうした領域が随所にあります。

●最もよく使う「エクスプローラ」のボタン

　「アクティビティ・バー」に並んだボタンのうち、いちばん上にあるボタンは「エクスプローラ」と呼ばれる、操作画面を表示するボタンです(**図2-4**)。

　とくにWindowsでは、「エクスプローラ」という用語は、「ファイルやフォルダを閲覧したり、作成・削除などの操作を行なったりするための画面」という意味をもちます。

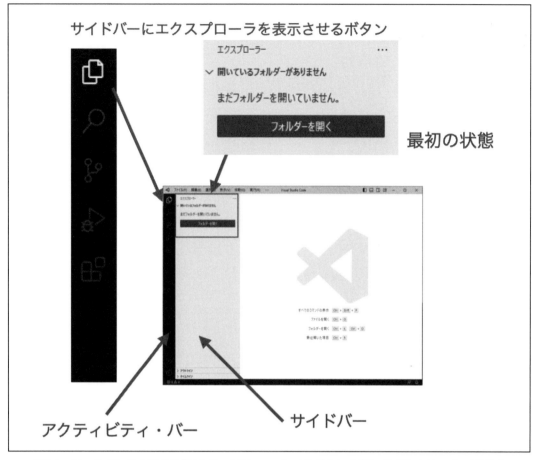

図2-4 ワークベンチ上にある「アクティビティ・バー」のボタンを押して、「サイド・バー」を出す

クリックすると、その隣に細長い領域が現われ、操作するファイルやフォルダを表示できるのですが、図2-4ではまだ対象とするフォルダを指定していないので、まず「フォルダを開く」という形で対象を指定するよう、求められています。

●ボタンで出た領域は、「サイド・バー」

図2-4で新しく現われたのは、「アクティビティ・バー」よりは広いが、「エディタ領域」に比べるとだいぶ細い領域です。

ここには、「アクティビティ・バー」のボタンを切り替えて、異なる目的の「作業画面」を出すことができます。これは、「サイド・バー」と呼ばれます。

■ フォルダを開く

●エクスプローラから開く

では、図2-4の「フォルダを開く」ボタンを押してみましょう。

図2-5のように、フォルダを選択する画面が出ます。

図2-5 は、あらかじめ作っておいたフォルダを探して開くことを想定しています。

このフォルダは、自分の「Documents」フォルダの中にある「myproject」です。フォルダの中身は「空<small>から</small>」です。

＊

図2-5に示したように、適当なフォルダの中にその場で作成して、それを選択することもできます。

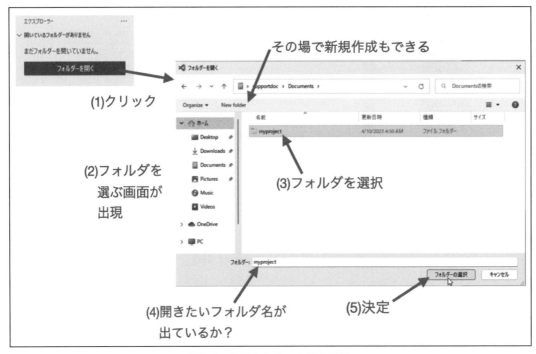

図2-5　作業するフォルダを選択

●フォルダの作成者を信頼するか?

「VSCode」はチームでの開発にもよく使われるので、第三者から取得したフォルダを不用意に開かないように、一度確認画面が出ます。

図2-6のように、自分が作ったフォルダであることを確かめて、「はい、作成者を信頼します」を選びます。

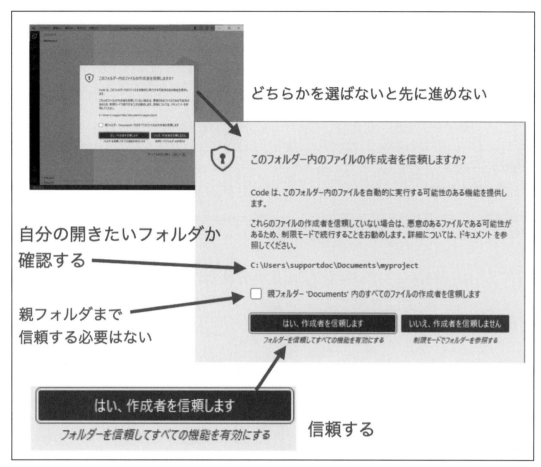

図2-6 作成者を信頼するかどうか、確認を求められる

●「空(から)」のフォルダを開いたときのエクスプローラの状態

絶対的な場所は任意として、とにかく「myproject」という名前のフォルダを開くと、「サイド・バー」のエクスプローラの状態は**図2-7**のようになります。

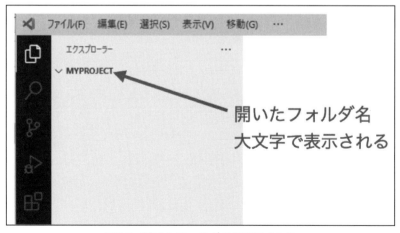

図2-7 開いたフォルダ名が表示される

■ ファイルを作成

●「マウス・オーバー」で出てくるボタン群

[マウス・オーバー]とは、「マウス・ポインタ」を特定の場所に置くだけで、クリックなどはしません。このとき、ボタンなどが出現して、操作可能になる仕組みがあります。

そこからポインタを離すと、出現したものは消えます。タッチパネルにはない動作です。

＊

図2-7で、「サイド・バー」の任意の場所に「マウス・オーバーを行なうと、図2-8のようなボタン群が現われます。

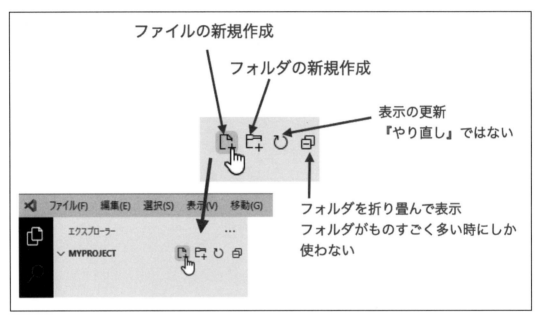

図2-8　「マウス・オーバー」で現われたボタン群

図2-8に、出現した4つのボタンの意味を示します。

4つのうち重宝するのは、先頭の「ファイル作成」と、その隣の「フォルダ作成」のボタンです。他の二つは、紛らわしいものもあり、あまり使いません。

●ファイルを作成ボタン

図2-9のように、「ファイル作成」のボタンをクリックすると、「ファイル名」を記入する欄が現われます。

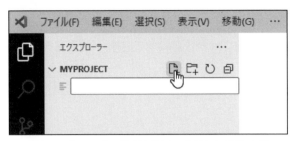

図2-9　「ファイル作成」ボタンで現われる入力欄

●「拡張子」とともにファイル名を入力

　最近のPCやスマホでは、「報告書」「20230424」のようにファイル名だけが表示されますが、実は非常に多くの場合、ファイルの識別は、(a)「**ファイル名**」と(b)ファイルの種類を表わす「**拡張子**」──からなります。

　たとえば、「風景」というファイル名の動画は「風景.mp4」、「記念写真」という写真は「記念写真.jpg」とというようなものです。

　「ファイル名」に「拡張子」があると、OSやアプリケーションでは、そのファイル中身がまだ「空(から)」でも、該当する「ファイル・アイコン」を与えることができます。

　Webページを記述するファイルは、「HTML」という形式で書くので、「.html」という拡張子を付けます。

　また、Webサイトの長い歴史の慣例上、最初に読むファイルには「index」と言うファイル名を付けます。

　したがって、「index.html」というファイル名にすると、「典型的なHTMLファイル」ということになります。

＊

　そのように、ファイル名を入力してみましょう。すると、**図2-10**のように「<>」という記号の並びを表わす絵が与えられます。

　これはHTMLファイルの書き方をイメージした絵です。

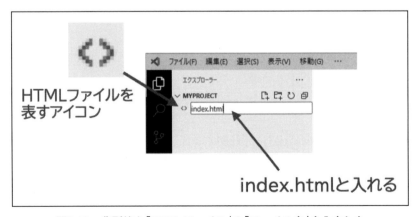

図2-10　典型的な「HTMLファイル」の「ファイル名」を入力した

　図2-11のように、エディタ画面に、「index.html」のファイルの「空」の中身が表示されました。このようにして、「VSCode」で何かを編集する準備ができました。

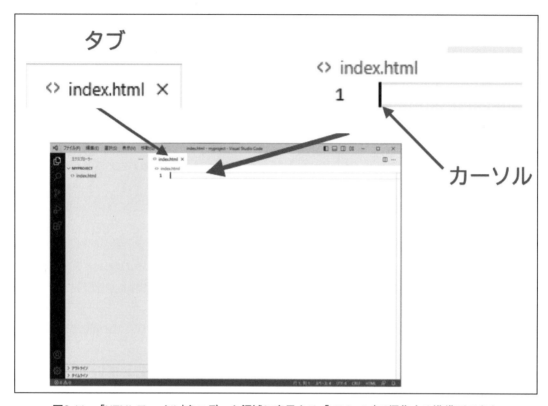

図2-11　「HTMLファイル」をエディタ領域に表示させ、「VSCode」で編集する準備ができた

　図2-11では、エディタ領域の「タブ」にファイル名が表示されています。

　また、文字の入力箇所を示す[カーソル]が表示されています。
(「カーソル」は古い計測用語で、ラテン語から来ていますが、今のコンピュータにおける使い方とだいぶ違うので、説明は省略します。)

●これが「統合開発環境」の意味

　以上のように、「VSCode」の「エクスプローラ」上でファイルを作成できるのは、便利だと思いませんか？　ファイルを作るたびに、Windowsの「ファイルエクスプローラ」に作業を移す必要はありません。

　このように、他のアプリケーションに移動せずに、必要な作業を完結するための機能を揃えているプログラム開発用のアプリケーションを、「統合開発環境」と呼びます。

　「VSCode」も「何から何まで」とはいきませんが、かなり統合された環境を提供してくれます。

外部で
操作する必要が
ない

ここでファイルを
作成できる

Windowsのエクスプローラ　　　VSCode

図2-12　ファイル作成もWindowsのエクスプローラに移動せず、「VSCode」上で行なえる

2-2　最初の1行で分かること

　「VSCode」は、ファイルにプログラム文を記入するためのソフトウェアですから、ファイルの編集作業を通じてこそ、いろいろな機能の発見を実感できます。

　サンプルとして提供する、一見複雑でイヤなコードも、「VSCode」の威力を見ていただきたいからこそです。

■ファイルを編集
●「コード補完」を最大利用
　では、さっそくリスト2-1の「HTML文」を入力してみましょう。

リスト2-1　よくあるHTML文

```
<!DOCTYPE html>
<html>
    <head>
        <title>「VSCode」の使用法</title>
    </head>
```

```
    <body>
        <h1>「VSCode」でHTML編集</h1>
    </body>
</html>
```

「HTML文」に馴染みのない方には、いや馴染んでいる方でも、やはり、ずいぶんと面倒な感じではないでしょうか。

でも大丈夫。「VSCode」には、よく使うプログラミング言語の**[コード補完]**が充実しています。

「補完」は不十分な部分を補って完全なものにすることですが、最近は「コードアシスト」(アシストは補助)とも呼びます。

(正確にはHTML文はプログラムではなく、書式設定の記法ですが、作成の面倒臭ささは、プログラミング言語に負けません。つまり、「VSCode」の便利さを実感できます。)

*

リスト2-1の最初の<!DOCTYPE html>という記述は、HTML文を書いたことがある人でも、もしかすると馴染みがないか、省略したくなる記述かもしれません。

正式な書き方であり、とくにWebプログラミングなどでHTML文を用いるときに、「これはHTML文です！」という、明示的な宣言が必要な場合があるのです。

*

これを入力するには、**図2-13**のようにします。

つまり、拡張子を「html」にしたファイルの、何も書いていないところに「<」を入力します。

すると、入力候補のリストが自動で出現し、その筆頭にあるのが「!DOCTYPE」です。

何もないHTMLファイルに最初に入力すべきはこれなので、筆頭にあるのです。

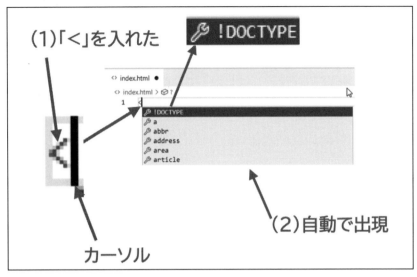

図2-13 何もないところに「<」を入力すると、「!DOCTYPE」が候補として現われる

図2-13で、「!DOCTYPE」を選択すると、それだけで**リスト2-1**の1行目が**図2-14**のように完成します。

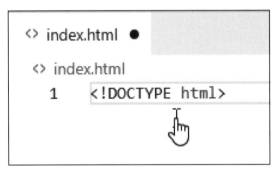

図2-14 「<」を入れただけで、1行目が完成した

■ ファイルの保存

●未保存状態の注意喚起

図2-14は、素晴らしい「コード補完」を表わしてもいますが、上部に表示されているタブの右端の黒丸は、このファイルをまだ保存していないことを示します。

"ファイルが未保存"という注意喚起は、「VSCode」の「アクティビティ・バー」の「エクスプローラ」のボタンにつく「青丸」でもなされます。

（このように、派手目の色の丸で注意を引く印を、襟章などと同じ、[バッジ]と呼びます）。

図2-15では、未保存のファイルが1件（もともと一件しかないですし）なので、青丸に「1」の数字が記されています。

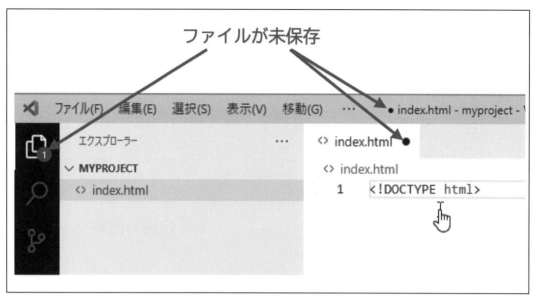

図2-15 ファイルが未保存であるとの通知がいろいろと出る

●こまめな保存にキーボード・ショートカット

筆者としては、「こまめな保存」をお勧めします。

それには、作業の命令をキーボード操作と結びつける、「キーボード・ショートカット」の利用が、最も体感的です。

＊

「キーボード・ショートカット」「キーバインド」などの呼び方がありますが、重要な作業は昔からの慣習として、すでにOSやアプリケーションで整っています。

その、最も有名なものが、「保存」を行なう[Ctrl]（コントロール）キーと[S]キーを一緒に押す操作です。

ピッタリ同時に押す必要はありません。普通は小指などでまず[Ctrl]キーを押した状態を続けつつ、[S]キーを押します。

昔、突然コンピュータが強制終了するというのが日常だった時代には、プログラミングや文書作成をする人は、まばたきと同じくらいの頻度で、[Ctrl] + [S]を押していたものです。

ちょっと早めにCtrlを押してからS

図2-16　ファイル保存のショートカット［Ctrl］+［S］（キーボード画像は掲載連絡不要のフリー素材を使用）

●確実に保存するには

　確実に保存したことを、目でもアタマでも確認できるのは、ワークベンチの上部のメニューの「ファイル」を選んで、出てきたリストから「保存」を選択することです。

　操作が文字として書いてあるので、「ファイルを保存した」という確信が得られます。

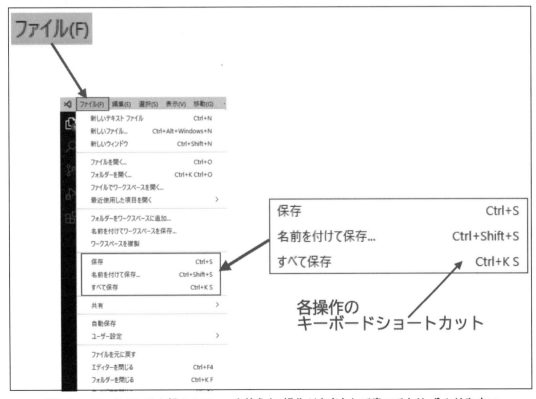

図2-17　ワークベンチ上部のメニューを使うと、操作が文字として書いてあり、分かりやすい

●「エクスプローラ」に「開いているエディタ」一覧を表示

　同じマイクロソフト製品である「Word」などのように、「保存ボタン」がどこかに常駐していれば保存もしやすいと思いますが、「VSCode」はなるべく表示はシンプルにという方針なので、ツールボタンがズラリ並んでいるというような外観はありません。

　しかし、**図2-18**のように、「開いているエディタ」の一覧を表示すると、「未保存のファイル数」が示されるとともに、「全て保存」のボタンも得られます。

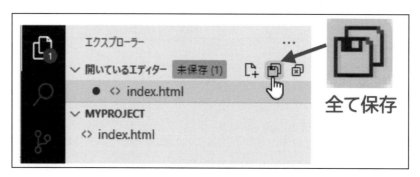

図2-18　「開いているエディタ」を表示させれば「全て保存」ボタンも出る

　「開いているエディタ」という日本語は分かりにくいですが、「エディタ領域に開いているファイル」という意味だと考えればいいと思います。

　これを表示させるようにするには、**図2-19**のようにサイド・バーの右上端にある「...」をクリックして、メニューを出します。

　このメニューは、「エクスプローラ」の一部としてサイド・バーに表示されている項目一覧です。「開いているエディタ」だけが選ばれていないので、これを選びます。

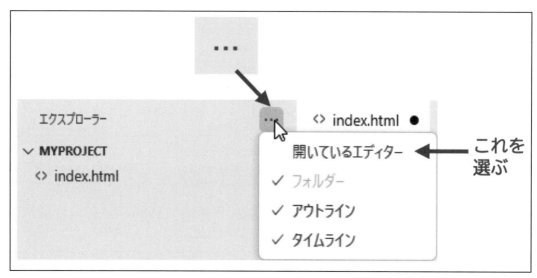

図2-19「開いているエディタ」だけが選ばれていなかった

　図2-18に示した「全て保存」を含む３つのボタンは、「開いているエディタ」と表示されているあたりの場所へ、「マウス・オーバー」を行なうことで出現します。

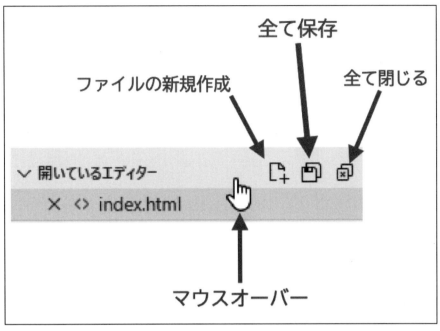

図2-20　「開いているエディタ」の付近に「マウス・オーバー」を行なう

　なお、**図2-19**で他に選択されている「アウトライン」と「タイムライン」は、サイド・バーの下側にあります。現時点では折り畳んでありますが、開くと中身が表示されます。

＊

　「アウトライン」は、プログラムの概要を解析して示すものですが、今は最初の1行しか書いていないので何も解析されません。

　「タイムライン」には、ファイルの保存などの出来事が表示されます。

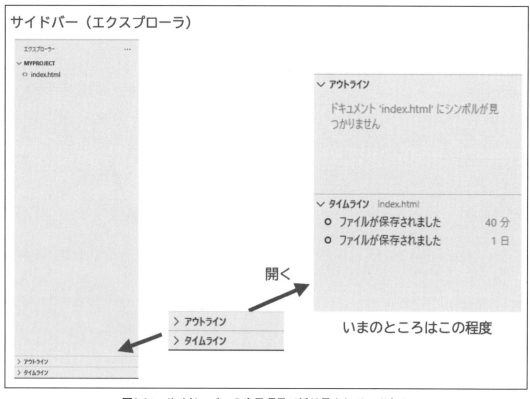

図2-21 サイド・バーの表示項目で折り畳まれているもの

*

　以上、ファイルの「作成」「編集」「保存」が一通りできるようになりましたから、安心してリスト2-1を完成させ、そこで何が起こるかを、また見ていきます。

2-3　記入を増やして分かること

　前節では、最初の1行の入力だけで、いろいろなことが分かりました。もっと入力していくと、もっと分かってきます。

■「内容」と「書式」を自動で

●「コード補完」の威力をご覧あれ

　リスト2-1の最初の行の入力で、いろいろなことを実感できました。

　その次の行は、「<html>」で始まりますが、図2-22のように「<h」まで入力すると、記述の一覧が「h」で始まるものに絞られます。その中に「html」があります。

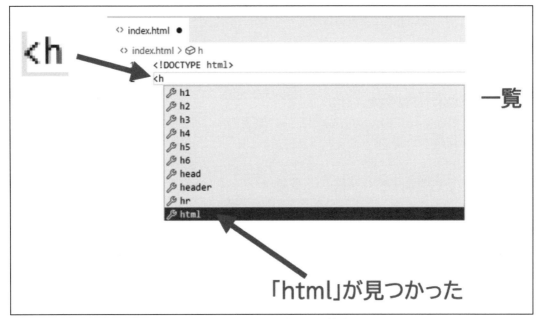

図2-22 次の行にもコード補完

●カーソル位置も自動で

図2-22で「html」を選ぶと、図2-23のように、文を閉じる「</html>」も自動記入され、かつ文を開始する「<html>」の間にカーソルが配置されます。

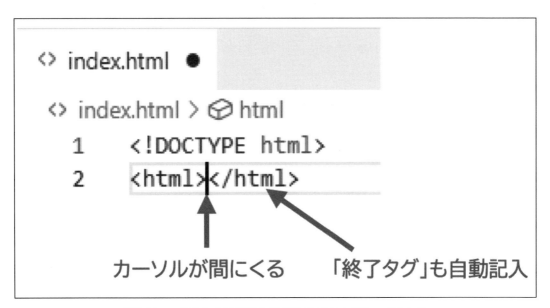

図2-23 一覧から内容を選んだだけで、ここまでやってくれる

図2-23に記したように、HTML文では、「<...>」の形で記述する書式指定を「タグ」と呼び、「開始タグ」と「終了タグ」との間に表示したい内容を記述します。

*

開始・終了タグと、間に挟まれた内容を、「要素」と呼びます。

以後の編集方法の説明に使う用語なので、覚えておいてください。

●「親要素」の中に「子要素」を入れる

リスト2-1では、「\<html\>....\</html\>」という要素の中に、さらに「\<head\>...\</head\>」などの要素を入れます。

このように、「親要素」の中に複数の「子要素」が入っている構造になります。
親子関係にあることをハッキリ見せるために、「子要素」は字下げをして書き、「孫要素」はそこからさらに字下げをします。

この字下げも、「VSCode」では自動でしてくれます。

図2-23の状態から改行して1行あけると、図2-24の上の状態になります。

そこに、「\<head\>」というタグを入れたいのですが、何も考えずにただ「\<h」と入力するだけで、カーソルが字下げの位置に移動し、かつ「h」で始まるタグの一覧が表示されます。

図2-24は、さらに「\<hea」まで絞り込み、その中に「head」がある、という状態です。

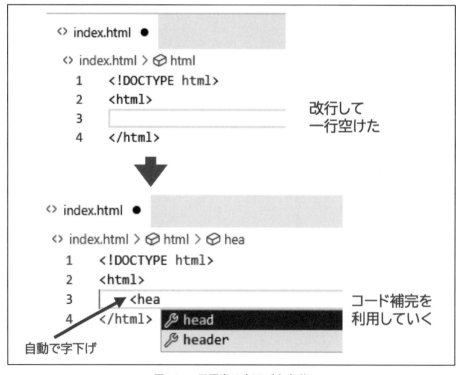

図2-24　子要素は字下げも自動

■ 行が増えてくると分かること

●ミニマップ

　かくして、図2-25のように、HTML文一式を書くことができましたが、このくらいの行数を書くと、右側に何かあるのが、目立つかもしれません（「バージョン1.77」時点）。

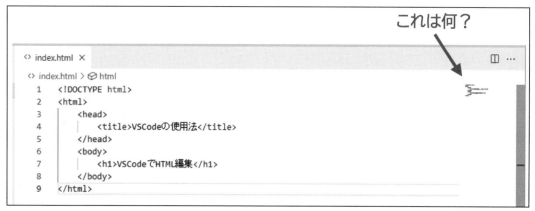

図2-25　リスト2-1をすべて書き終わったが、右上に何かあるかもしれない

＊

　これは「ミニマップ」という表示です。

　アプリケーションによっては、一件のファイルのコードが何十行にもなります。

（昔は「何万行」というのもありましたが、今はそんな長いコードは数件のファイルに分散して書くべし、という考えのほうが優勢のようです。）

　そのときに、自分が今取り組んでいる行は、全体のどの辺にあるのか見当をつけやすくするためにあります。

　しかし、「行数が少ないので、表示する必要も感じられない」というときは、図2-26の方法で非表示にもできます。

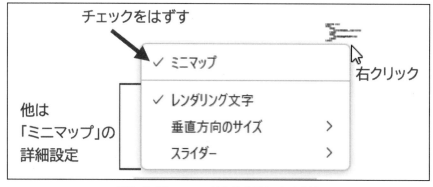

図2-26 「ミニマップ」を非表示にする方法

●「アウトライン」の意味

図2-21で「アウトライン」の中に特に表示がなかったのは、「これはHTML文書である」という断り書きを示す最初の一行しか書いていない段階だったからです。

その後、HTML文を校正する「タグ」を複数書いたので、このタグが「アウトライン」に抽出されました。図2-27のとおりです。

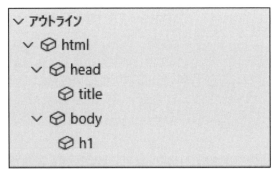

図2-27 HTMLの「タグ」を書いたので、「アウトライン（図2-21）」に項目が抽出された

この「アウトライン」で、たとえば「title」を選択すると、入力した「<title >」の要素が強調されて、どこに書かれているかが分かります。

ただし、「VSCode」では図2-28のように、「強調」はだいぶ控えめです。

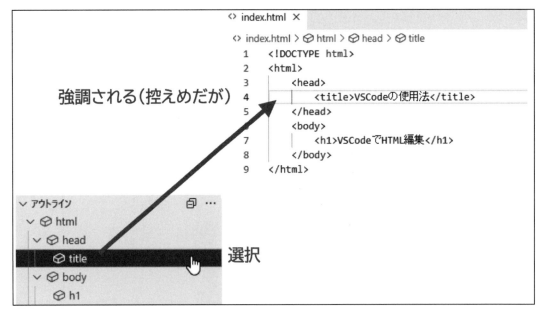

図2-28　アウトラインでタグを選ぶと、入力された場所が強調される

アウトラインにも、図2-29のように表示形式の設定があります。

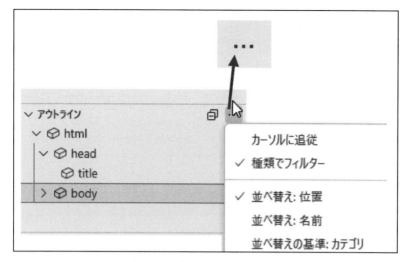

図2-29アウトラインの表示形式

　図2-29のうち、「カーソルに追従」を選ぶと、逆に入力された文に置かれたカーソルの位置によってアウトライン上の要素の選択が動きます。

　「並べ替え」を「名前」にすると、要素の名前がファイルに書かれた順ではなく、アルファベット順になります。ものすごくたくさん要素がある中で、どれかを探すときに役に立つでしょう。

　他は、プログラミング言語の仕様によって変わります。

●カーソルの置いてある要素を示す「パンくずリスト」

　アウトラインを、「カーソルに追従」させる必要はあまりありません。というのは、他に、「カーソルのある場所を示す箇所」があるからです。

　これが、「パンくずリスト」(ブレッドクラム)と呼ばれる表示です。

＊

　最初に空の「index.html」ファイルを作成したとき、ファイル名が図2-30のように2段に書かれているのを、不思議に思われたのではないでしょうか。上のほうはタブですが、下にもうひとつありました。

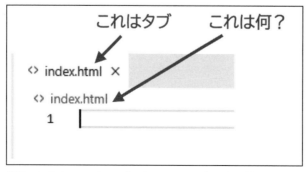

図2-30 空のファイルになぜかファイル名の表示箇所が二つ

今、リスト2-1を一通り記述したあと、「<title>」と書いた場所にカーソルを置き、図2-30と同じ箇所を見てください。今カーソルがどこにあるかが、階層をたどって示されます。

他のところにもカーソルを置いてみてください。

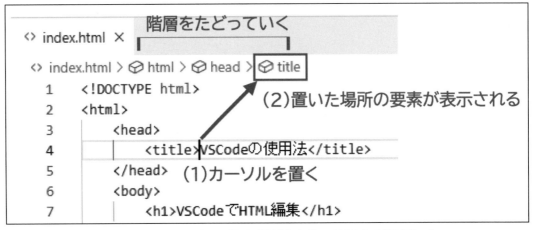

図2-31　カーソルを置いた場所が階層をたどって示される箇所だった

今「階層をたどって」と「断り書き」をしたのは、この箇所が「パンくずリスト」と呼ばれるからです。

みなさん、グリム童話「ヘンゼルとグレーテル」で、幼い兄妹が、森の中で迷子にならないようにと、歩く道にパンくずを落としていったという筋を覚えていらっしゃるでしょうか。

欧米の人には鮮烈な話だったようで、目的の箇所へたどり着くための目印の一覧という意味でこのように呼ばれています。

「パンくずリスト側」では、各階層名を選択すれば、入力した内容の中でその階層下に入る場所が色つきで表示されます。図2-31のとおりで、こちらはかなり凝った表示になります。

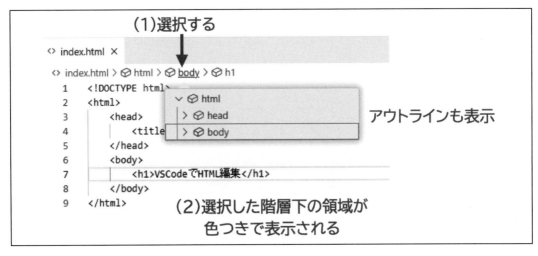

図2-32　「パンくずリスト」からはいろいろな情報が表示される

■ ステータス・バー

●ワークベンチの下側

ワークベンチの下にある細長い領域を「ステータス・バー」と呼びます。

「ステータス」とは「状態」の意味で、編集中のファイルの設定や、プログラム・コードとしての状態について表示します。

図2-33に示すとおり、「ステータス・バー」の情報は左と右に表示が別かれています。

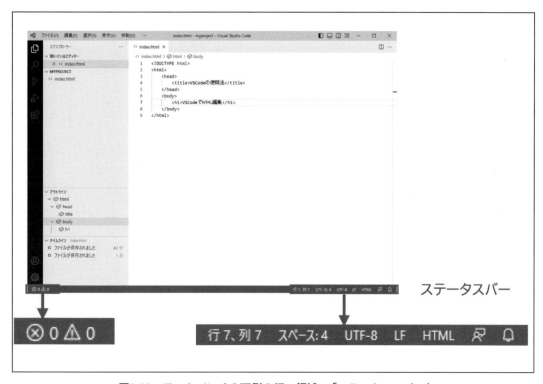

図2-33 ワークベンチの下側の細い領域…「ステータス・バー」

以下、**図2-34**を用いて、どんな状態が示されているのか解説します。

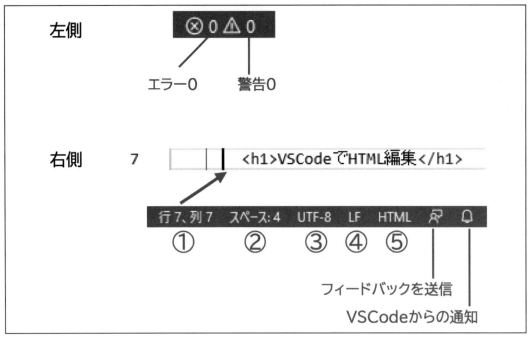

図2-34 「ステータス・バー」表示の詳細

●左側

左側の２つの状態は、ファイルがプログラム・コードであった場合のエラーと警告です。今はどちらも「0」です。

> ※HTMLはプログラムではないので、書き方を間違えても、思ったとおりの書式にならないというだけで、エラーメッセージや実行停止にはならないのが普通です。

●右側

右側には、このファイルでも重要な情報が表示されています。

---

①今ファイル上でカーソルが置かれている位置を示します。
　図2-33では、7行7列（7字）目です。

②今のカーソルの位置を見てください。長い「空白」（スペース）の途中にカーソルが入っています。
　これは「4つのスペース」の2つめの位置です。つまり、「［タブ・キー］によって生じた1つの長い空白」ではないことを示します。

> ※「タブ・キー」の「タブ」は、「タブを選択して画面を切り替える」の「タブ」と異なり、「テーブル（表）」から来ています。表を作るのに、文字列を揃えるために「空白」を挿入するキーです。

「タブ・キー」で生じる長さは表示するアプリケーションによって異なりますが、スペースの数は共通なので、多くのプログラミング言語では、スペースによる字下げが推奨されて

います。

　しかし、「スペース・キー」を4回も押すのは面倒なので、「タブ・キー」を押したときに「4つのスペース」が生じるように、「VSCode」で処理しています。これが「スペース:4」の意味です。

③文字コード（文字とコンピュータの符号の対応）が「UTF-8」という形式であることを示します。これは今の標準です。文字コードの指定はとりわけ日本語など、英数字以外の文字を入力するときに重要です。

④改行コード（改行とコンピュータの符号の対応）が「LF」という形式であることを示します。
　改行コードにも複数種類があります。理由は、電信機の符号との互換性とか、いろいろ事情があるようです。

⑤ファイルに記述されている言語が「HTML」であることを示します。拡張子によって判別されます。
　あとの2つは、**図2-34**に示すとおりです。

2-4　HTMLファイルをブラウザで表示させる

　プログラムを書いたら、実行して結果を確認しなければなりません。HTMLの「実行」は「ブラウザでのページの表示」に相当します。

■HTMLファイルを「実行」する

●保存してから実行する

　ファイルを「実行」する前に、まずファイルを保存します。
　そうでないと、前に保存した内容が、実行に反映されます。

●デバッグは「なし」で実行する

　プログラムを実行するには、ワークベンチ上部のメニューの「実行」を選びます。

　通常、ただ「メニュー」または「アプリケーションメニュー」というと、「アプリケーションの表示されている画面の天井部分に並んでいるメニュー」を指します。本書では、「ワークベンチ上部のメニュー」と呼びます。

　と、いっても、起動したそのままの「ワークベンチ」の大きさでは、「実行」というメニューが見つからないかもしれません。
　「ワークベンチ」の幅は可変で、狭い表示ですと上部のメニューの左端が「...」になっています。

これをクリックすると、「実行」「ヘルプ」などのメニューが出てきます。

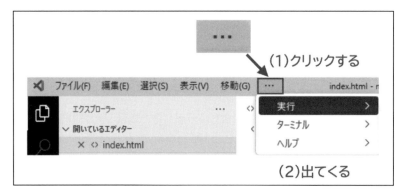

図2-35 起動したままの「VSCode」のワークベンチでは、「...」の部分にメニューが隠れている

図2-35から、さらに詳しい選択肢[サブメニュー]を表示させます。

「実行」と「デバッグなしで実行」の選択肢のうち、HTMLファイルについては、「デバッグなしで実行」を選んでおきます。

※「デバッグ」とは、実行しながらコード解析をすることで、主な目的がプログラムに潜む間違い（バグ）の発見なので、このように呼ばれます。
　しかし、「HTML文」は書式の設定なので、デバッグでは間違いは現われません。デバッグについては、第4章で簡単に行なってみます。

図2-36 「実行」のサブメニューから「デバッグなしで実行」

なお、ワークベンチ全体を横に引っ張ると、すべてのメニューが表示されます。

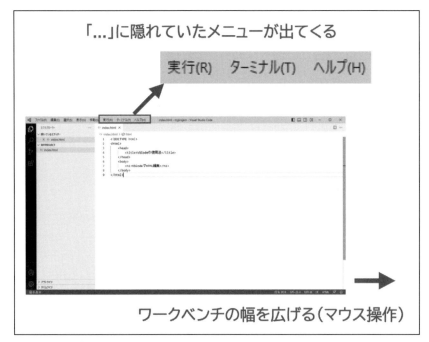

図2-37　ワークベンチの幅を広げるとメニューが全部表示される

●でも、デバッガの選択はさせられる

「デバッグしないで実行」と選んだのに、最初の実行では、ワークベンチの上部に「デバッ
ガの選択」を求めるウィンドウが出ます。

でもこれは、「どのブラウザでHTMLファイルを開くか」ということなので、お好きなブラ
ウザを選んでください。**図2-38**では、「Chrome」を選びました。

図2-38　HTMLファイルの場合、デバッガとはブラウザのことになる

これでブラウザが自動で起動し、入力したHTML文の書式が反映されて表示されます。
図2-39のとおりです。

図2-39　ブラウザが起動して、HTMLファイルが表示される

図2-30ではページのタイトルも**リスト2-2**の「<title>」要素に記入したとおりになっています。

また、アドレス欄から、このWebページはWebサーバ上のページではなく、HTML「ファイル」を開いた内容だと分かります。

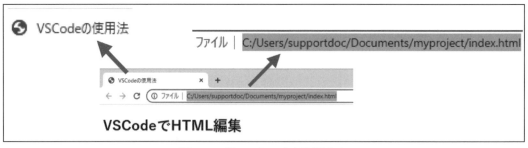

図2-40　細かいところを確認する

ブラウザを閉じれば、実行を終了して、ファイルの編集を続けられます。

＊

以上、簡単なHTMLファイルを書いて実行するまでの過程で、「VSCode」のいろいろな機能が分かりました。

次章では、もっと長い記述や複数のファイルを扱って、さらに「VSCode」の機能を追求します。

第3章

「VSCode」で複数のファイルを編集

①「HTMLファイル」は、②外観を記述する「CSSファイル」と、③動作を記述する「JavaScriptファイル」との三者連携で「実行」すると、より機能豊かなプログラムになります。

*

本書では、「HTML」と「CSS」の2つのファイルを連携させる中で、「編集」「表示」「実行」のテクニックを実践します。

3-1 HTMLファイルにさらに書き加える

前章では、一見面倒臭そうな「HTML文」を、「VSCode」でかなり簡単に書くことができました。

本節では、さらに面倒臭さそうな記述を、「VSCode」の機能を利用してなるべく楽に書き、もっともらしい?ページにしていきます。

■ 長い行を扱う

●本節で書きたい内容

本節では、リスト3-1までを書いて、図3-1のようなページにしたいと思います。

リスト3-1 index.html（本節まで）

```html
<!DOCTYPE html>
<html>
    <head>
        <title>VSCodeの使用法</title>
    </head>
    <body>
        <h1>VSCodeでHTML編集</h1>
        <p>VSCodeでHTMLファイルを編集しながら、その機能を調べていきます。</p>
        <h2>なぜHTMLを例にとるのか</h2>
        <p>HTMLファイルの実行はブラウザさえあればできるからです。一方、ブラウザさえあれば動作するファイルの種類はほかにCSSやJavaSciptなどがありますが、母体となるHTMLが必要です。</p>
        <h2>これまでにわかったVSCodeの機能</h2>
        <ul>
            <li>エクスプローラでファイル作成</li>
            <li>コード補完</li>
            <li>ファイルを実行</li>
        </ul>
    </body>
</html>
```

図3-1　リスト3-1で表示されるページ

「VSCode」上では、**図3-2**のような感じです。

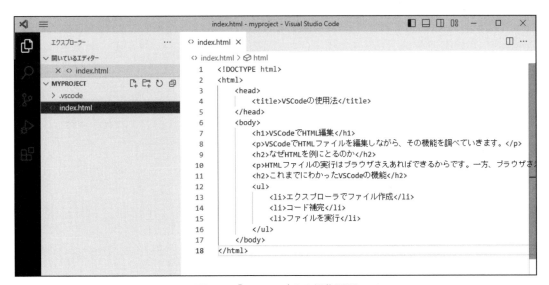

図3-2　「VSCode」上の編集画面

●右端で折り返し

　図3-2では、真ん中あたりに、長～い文があり、右方向の記述が隠れています。

　スマホなどのタッチパネルでは、右方向に隠れている内容を見るには「左にスワイプ」しますね。

　しかし、PC上の多くのアプリケーションでは、**[スクロールバー]**にマウスポインタを置いて引っ張ります。

　スクロールバーでは右方向を見るためには「右に」引っ張るものなので、感覚が違うこともあるかもしれません。

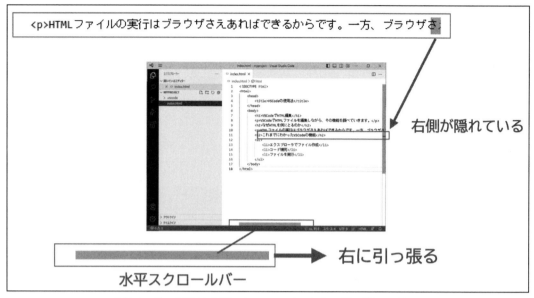

図3-4　長い記述は水平スクロールバーを右に引っ張って見る

　そうすると、今度は左側のほうが見えなくなります。

　そのために、図3-5のように、ワークベンチ上部のメニューから「表示」→「右端で折り返し」を選ぶと、長い記述がウィンドウの幅に合わせて折り返しますから、見やすくなります。

図3-5　メニューから「表示」→「右端での折り返し」を選ぶ

```
<p>HTMLファイルの実行はブラウザさえあればできるからです。一方、ブラウザさえあれば
動作するファイルの種類はほかにCSSやJavaSciptなどがありますが、母体となるHTMLが必
要です。</p>
```

図3-6　長い文が折り返されて見やすくなった

※文が右端で折り返さなければならないほど長くなるのはHTML文くらいで、ほとんどのプログ
ラミング言語ではそれほど長い文を一行に書くことはなく、短い行の積み重ねで書きます。そのた
め、「右端での折り返し」は始めからは設定されていません。

■ 数多い行を扱う

●マウスクリックによる文字列の操作

「VSCode」で編集中の行の適当な箇所をダブルクリックすると、カーソルが置かれている
箇所の「ひとくぎり」が選択されます。

たとえば、記号と記号の間にある英数字です。HTML文では**図3-7**のように顕著です。カー
ソルは選択された範囲の末尾に移動します。

トリプルクリックすると、カーソルが置かれている箇所の行全体が選択されます。カーソル
は次の行の先頭へ移動します。

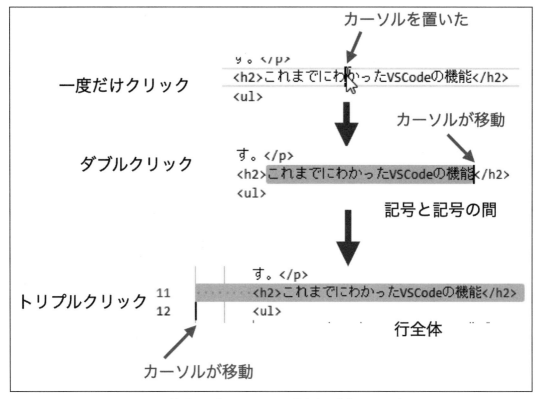

図3-7　普通に一度クリックした場合と、ダブル、トリプル

●文字列の操作一覧

一方、ワークベンチ上部のメニューに「選択」という項目があります。

たとえば、「Microsoft Word」などの文書作成ソフトに、「選択」という名のメニュー項目はないのではないでしょうか。

「選択」メニューの中身は、**図3-8**のようにたくさんあります。

図3-8　「選択」というメニューの中には項目がたくさんある

図3-8の「サブメニュー」の筆頭にある「すべて選択」はおなじみと想いますが。その他にもたくさんあります。いくつかの動作を以下のように試してみましょう。

なお、編集中の箇所から**図3-8**のメニューにマウスカーソルを移して操作するのは、時間も手間もかかりますし、気も散るでしょう。

メニューの横に「キーボードショートカット」が書かれています。これらを覚えて、片手でマウス、片手でキーという操作が効率的です。

●選択範囲の展開縮小

図3-8の上のほうにある「選択範囲の展開」及び「縮小」は、前述した「ダブルクリック」「トリプルクリック」のような選択範囲の変換をより柔軟にするものです。[Shift]＋[Alt]に右の矢印キー（[カーソルキー]とも呼びます）を押すたびに、選択範囲が「区切りのいい場所」まで広がります。

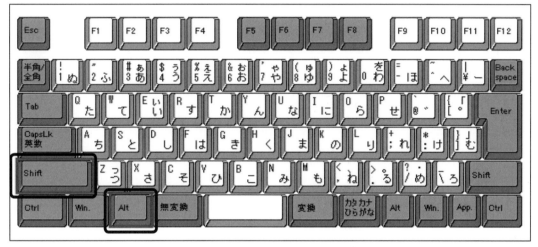

選択範囲の展開	Shift+Alt+RightArrow
選択範囲の縮小	Shift+Alt+LeftArrow

図3-9 選択範囲の展開・縮小

図3-10　[Shift]＋[Alt]キーの位置

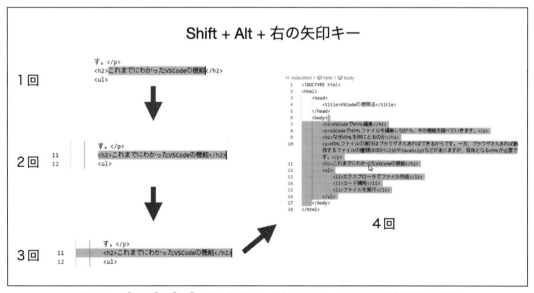

図3-11　[Shift]＋[Alt]＋右の矢印キーを押していったときの選択範囲の拡張

●上下の行へのコピー

図3-8の項目の中で、[Shift] + [Alt]に、さらに上または下の矢印キーを押す操作もあります。

図3-12のとおりです。これは、今カーソルのある行全体を、その上または下にコピーする操作です。

行を上へコピー	Shift+Alt+UpArrow
行を下へコピー	Shift+Alt+DownArrow

図3-12　[Shift] + [Alt]に、上または下の矢印キーの組み合わせ

以上の操作を組み合わせて、「一部を除いて他は同じ」行を簡単に追加できます。

図3-13のとおりです。

「<li>コード補完</li>」の次の行に「<li>ファイルの実行</li>」という行を書きたいとき、まず元の行の「コード補完」という文字列のどこかにカーソルを置きます。図3-13では、「コー」のあとに置いてあります。

そのまま、[Shift] + [Alt] + [↓]で元の行の下にコピーを作成し、続いて、コピーされた行を書き換えます。

元の行に置かれていたカーソルの位置がそのままコピーの行の位置にも置かれます。

つまり、「コー」のあとに置かれます。

そこで、そのまま[Shift] + [Alt] + [→]で選択範囲を拡張し、「コード補完」という文字列全体を選択します（上の行の同じ文字列も薄く強調されますが、これは文字列が同じであることを示すだけで選択はされていません）。

最後に、「ファイルを ...」と入力していけば、選択された部分がそっくり置き換わるので、「消去」の操作が必要ありません。

＊

なお、[Shift] + [Alt] + [↓]のあとすぐ[Shift] + [Alt] + [→]を押すので、この連続操作の間は[Shift] + [Alt]は押しっぱなしで、押す矢印キーだけを変えていけます。

プログラマーの中には、マウスをほとんど使わず、キー操作だけでコードを書いていく人が少なくありません。

「カーソルぽん、[Shift] + [Alt] + [↓] [→]…と入力」とリズムよく、進めていく感じです。

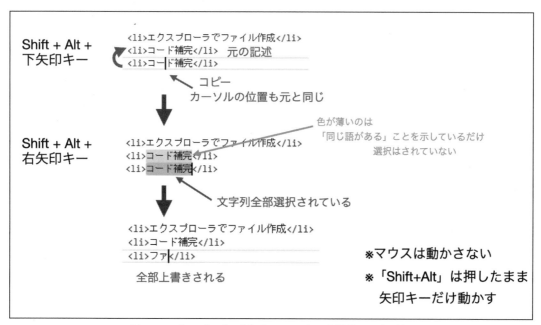

図3-13　[Shift]＋[Alt]とカーソルキーを操作して行く例

●複数のカーソルで「矩形選択」

図3-8の項目の中で、「上(下)にカーソルを挿入」とあるのは、複数の連続した行の同位置にカーソルを置いて、同じだけ列方向に進めていく操作です。

図3-14に示す項目です。こんどは、[Ctrl]＋[Alt]に、上または下の矢印キーです。

カーソルを上に挿入	Ctrl+Alt+UpArrow
カーソルを下に挿入	Ctrl+Alt+DownArrow

図3-14　カーソルを上または下に挿入する操作

図3-15　［Ctrl］+［Alt］キーの位置

　1行の中で、［Shift］キーを押しながら矢印キーを右方向に進んでいくと、文字が連続して選択されていきます。

　カーソルを複数縦に置いた状態で同じ操作をすれば、**図3-16**のような「矩形選択」になります。

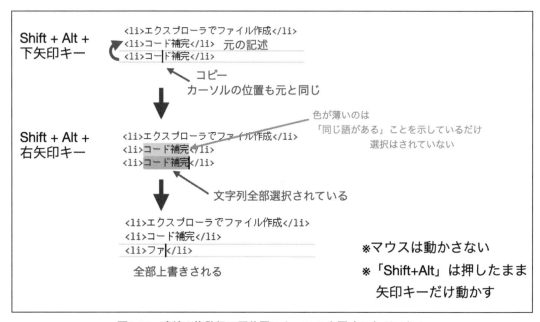

図3-16　連続の複数行の同位置にカーソルを置くことができる

　図3-8には他にも項目がありますが、それらの説明は省略します。同じ箇所ばかり編集して、つまらなくなってきたかもしれませんね。

　次に進みながら、他の編集機能も随時説明していきます。

3-2 「HTML」から「CSS」ファイルを参照する

　「HTML」の外観を細かく整えるのが「CSS」（カスケード型スタイルシート）という形式の記述です。

　「VSCode」上で「CSSファイル」を作成し、内容を編集して、これまで作成した「HTMLファイル」から読み込む記述を加えます。

■「CSSファイル」を作成

●「cssフォルダ」と「styles.cssファイル」

　「VSCode」のエクスプローラで、フォルダ「myproject」の中に新しいフォルダ「css」を作ります(図3-17)。

　その中に、新しいファイル「styles.css」を作ります(図3-17)。

　なお、エクスプローラ上に「.vscode」というフォルダが表示されていますが、これは設定ファイルなどを置くために「VSCode」で自動作成されたフォルダなので、無視します。

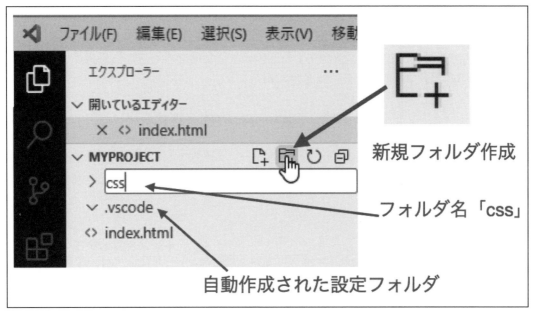

図3-17　フォルダ「myproject」内に新規フォルダ「css」を作成

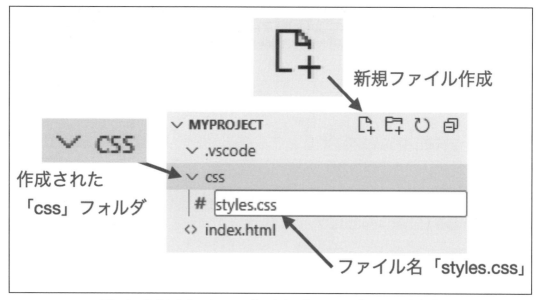

図3-18　作成した「css」フォルダにさらに「styles.css」ファイルを作成

　作成すると、エディタ領域には「styles.css」ファイルが開かれて、入力できるようになっています。

●styles.cssの最初の内容

　「styles.css」を、まず**リスト3-2**のように編集してください。
　特定のタグで囲まれている部分の文字や、背景の色、余白などを決まった書式で記述しています。「body」は表示されている文書全体に相当します。

リスト3-2　「styles.css」の最初の内容

```css
body{
    background-color: beige;
    color: maroon;
    margin-top: 20px;
    margin-left: 20px;
}

h1{
    color:olivedrab;
    background-color:rgb(247, 241, 186);
    padding-top: 2px;
    padding-bottom: 2px;
    padding-left: 10px;
}
```

※「カスケード」は、もともと渓流などで水が分かれたり合流したりする、「流れ」を意味しています。
　リスト2-1で具体例を示すと、まず「body」で指定した内容を「h1」も引き継いで、その中で「h1」固有の記述だけを変更する、という規則です。
　「h1」要素が「body」要素の中にあるという、HTML文の「階層型」の書き方に対応しています。

■ CSSファイルのコード補完

●色の指定

CSSファイルの書式もよく知られているので、「VSCode」上で細かくコード補完してくれます。

特に、重宝するのが「色」の指定です。「color:」とか「background-color:」と打つと、**図3-19**のように色の一覧が出てくるので、名前を知らなくてもお好みの色を選べます。

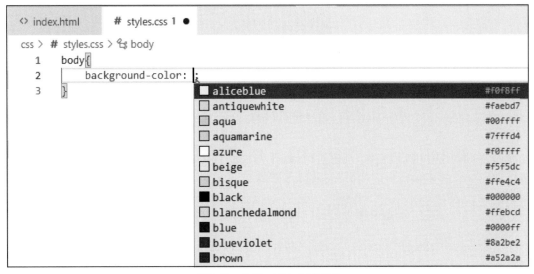

図3-19 色は一覧から選べる

＊

名前で与えられる色に基づいて、微調整もできます。

図3-20を見てください。「VSCode」上で色の指定を記述すると、左側に小さな四角形が現われて、その色を表示します。

たとえば、「olivedrab」とか「khaki」とは、どんな色かが分かるわけです。

しかし、実際にこんな色のついた四角形がファイルに書き込まれるわけではなく、「VSCode」のエディタ領域上での、表示サービスにすぎません。

そこで、この四角をクリックすると、その色の「RBG値」と色マップが示されます。

※「RGB」とは、光の三原色である「赤・青・緑」の混合割合を数値で表わしたものです。

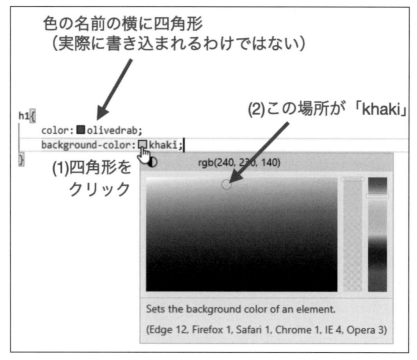

図3-20 CSSに色を記述すると、いろいろと表示される

　さらに、**図3-20**の色マップで別の箇所をクリックすると、色の名前はついていなくても RBG値で表わされる色をファイルに記述できます。

　「khakiではちょっと濃すぎる」という場合、もうちょっと薄い色にこだわれます。

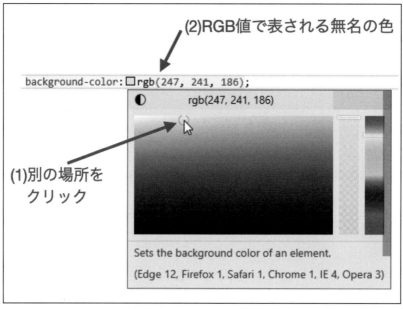

図3-21 マップ上で好きな箇所をクリックして、微妙な色をRGB値で記述できる

■ 2つのファイルを使い分ける

●表示を切り替える

これまで「index.html」と「styles.css」を編集しました。これから、両者を参照しながら交互に編集していくことになります。

表示するファイルを切り替える方法として、まず「タブの選択」があります。**図3-22**に示すとおりです。

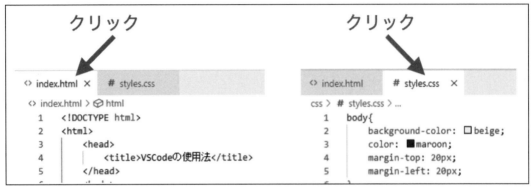

図3-22 「タブ」をクリックして表示を切り替える

もうひとつは、エクスプローラ上で「ファイル名」をクリックする方法です。これは、開いていないファイルを開くのにも使えます。

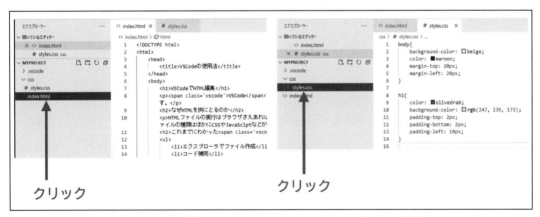

図3-23 エクスプローラに表示されているファイル名で切り替える

●ウィンドウを分割して両方表示する

または、ウィンドウを分割して両方を表示できます。ひとつの表示画面は狭くなりますが、マウスを操作してワークベンチの横幅全体を広げる他、今注目しているファイルのほうの表示枠を広げることもできます。

　まず、ウィンドウを分割するには、**図3-24**のボタンをクリックします。他のボタンは、エディタ以外の表示（複数のサイドバーや、**第4章**で用いるコンソールなど）を追加するものです。

図3-24　エディタを左右に分割するボタン

図3-25のように分割されます。

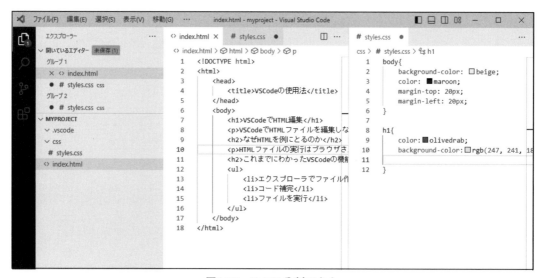

図3-25　２つに分割できた

●分割したウィンドウを伸縮

図3-25のままでは狭いでしょうから、図3-26のようにマウス操作で、ワークベンチ全体や、目的の表示の幅を広げたり狭くしたりできます。

マウスポインタをワークベンチの枠や表示領域の境界線に置くと、いかにも広げそうな記号が表示されるので、マウスの左ボタンを押しながらマウスを左右に動かす[ドラッグ]操作で、領域を伸縮できます。

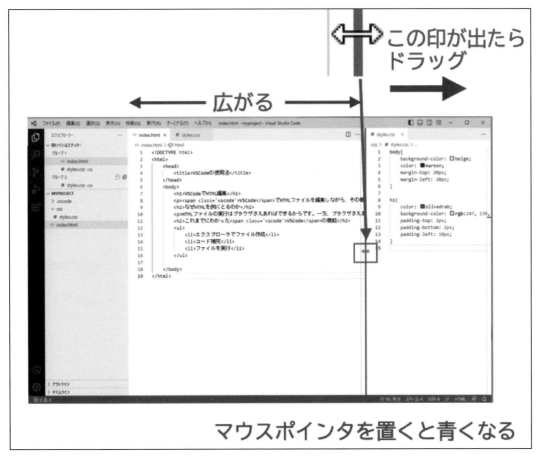

図3-26　マウス操作で表示領域を広げる

●分割したウィンドウ上のファイルを選択

エクスプローラ上の「開いているエディタ」は、これまでは「全て保存」ボタンのために表示させていたようなものでしたが、ここに来て、左右に分かれたウィンドウが「グループ1」「グループ2」として表示されます。

それぞれ、どのファイルを表示させるか選べます。

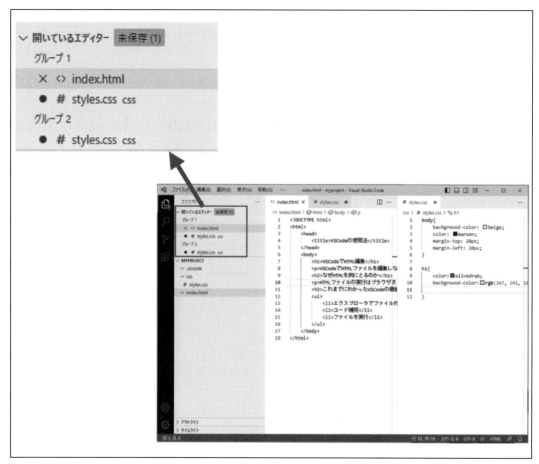

図3-27 「開いているエディタ」上に分割されたウィンドウが「グループ」として表示される

●分割されたウィンドウ上にファイルを開く

図3-27では、すでに開いているファイルの表示切り替えと、すでに開いているファイルを閉じることはできますが、目的の領域内にファイルを読み込むには、その領域の上部の「バー」を右クリックしてメニューを出し、「ファイルを開く」を選びます。

図3-28は、右側の領域に対して行なったところです。

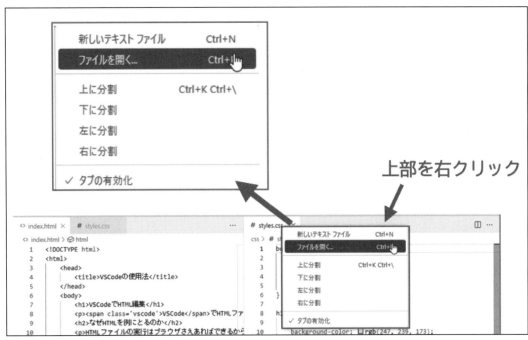

図3-28 右側のウィンドウの上部を右クリックして「ファイルを開く」を選んだところ

　読み込むファイルの候補は、ウィンドウ上部中央に表示されます。
　あくまでこのワークベンチの基本フォルダ「myproject」内のファイルが対象であって、まったく別個のファイルを読み込むのであれば、「エクスプローラ」から読み込むことになります。

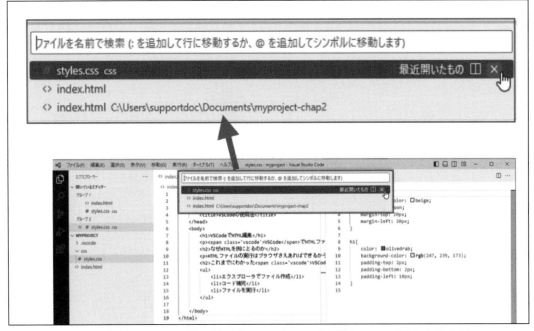

図3-29 開くファイルを選ぶ（あくまでワークベンチの基本フォルダ内にあるもの）

■ 読み込むファイルの場所を記述

●「HTMLファイル」に「CSSファイル」の場所を記述

実は、まだ「index.html」と「style.css」には関連がありません。

「index.html」上に、**リスト3-3**の下線部分の記述をします。

リスト3-3　「index.html」に書き込む

```
<head>
        <title>VSCodeの使用法</title>
        <link rel="stylesheet" href="css/styles.css"/>    ←コレ
</head>
```

リスト3-3の記述部分は、HTML文でよく用いられているので、「VSCode」でもコード補完されます。

特に、CSSファイルのある場所を、**図3-30**のように候補から選んでいけるので、誤記の心配が軽減されます。

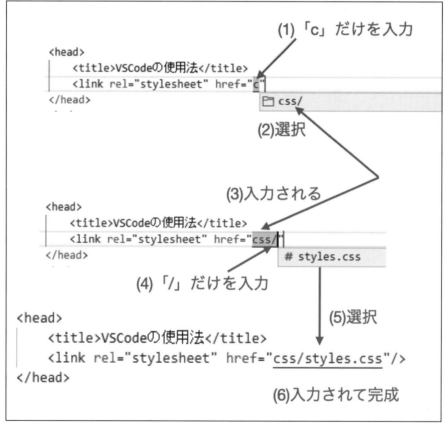

図3-30　候補から選んで、ファイルの場所の指定を完了

●実行はファイルを選んで

すべてのファイルを保存してから、「index.html」をデバッグなしで実行しますが、エクスプローラ上でファイルが2つになったので、「index.html」をしっかり選択してから、前章で図2-36に示した操作を行ないます。

図3-31に順序を示します。

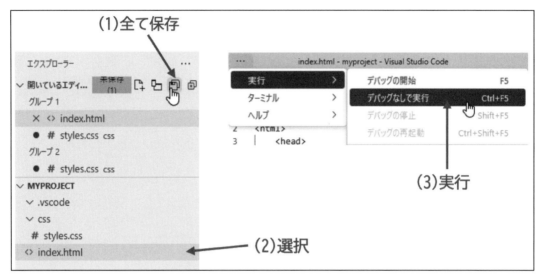

図3-31 保存して、選択して、実行する

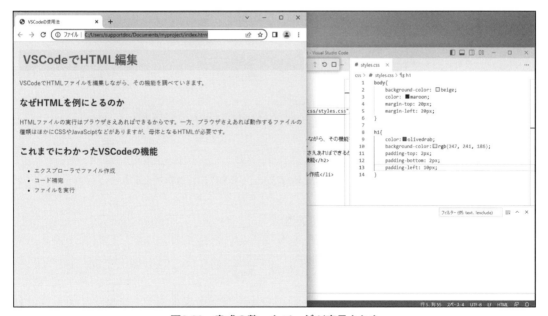

図3-32 書式の整ったページが表示された

3-3 複数の箇所を一度に修正する

　プログラムファイルには、「文字列」や「文」の繰り返しが多く、HTMLも例外ではありません。同一の複数の箇所を「VSCode」で同時、または連続的に修正する方法を紹介します。

■「VSCode」という文字列に仕掛けをする

●マウスポインタを置くと色が変わるようにする

　マウスポインタを置くと、ボタンが現われたり色が変わったりする「マウスオーバー」は、CSSで記述するときは、「hover（ホバー）」と呼びます。

＊

　図3-33のように、「VSCode」という文字列にマウスポインタを置くと色が変わるようにしてみましょう。

　図3-33の下2つは、カラーでないと色が分かりにくいかもしれませんが、変わっているとして続けてください。

図3-33　三種類の「VSCode」という文字列に同じ仕掛けをする

●「VSCode」という文字列にタグをつける

　今までCSSファイルの内容は、「h1」だったり「body」だったりと「同じタグ」の中にあるすべての文字列について書式を記述するものでした。

　一方、「VSCode」という「同じ内容」のものについて書式を設定する方法としてよく使われているのは、リスト3-4やリスト3-5のような書き方です。

リスト3-4　index.html 側の変更（変更する箇所の付近だけ抜粋して表示、他の箇所はそのまま）

```
<h1><span class="vscode">VSCode</span> で HTML 編集</h1>
<p><span class="vscode">VSCode</span> で HTML ファイルを編集しながら、その機能を
調べていきます。</p>

・・・・・・・

<h2>これまでにわかった<span class="vscode">VSCode</span> の機能</h2>

・・・・・・
```

下線部を挿入

リスト3-5「styles.css」側の追記

```
.vscode:hover{
    color: purple;
}
```

●検索・置換

まず、リスト3-4からいきましょう。

「VSCodeという文字列の両側に書き込む」と考えると面倒ですが、「VSCode」を「<span class="vscode">VSCode</span>」に置換すると考えると、エディタなら必ずある「検索・置換」機能を使えます。

「VSCode」の検索・置換を使ってみましょう。

メニューの「変数」の中に「検索」と「置換」という項目があります。

今回は「置換」を用います。

図3-34　エディタにはだいたいある「検索」と「置換」の機能

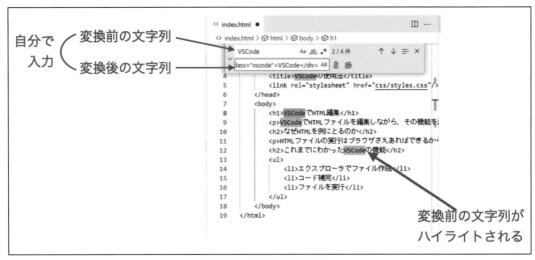

図3-36　置換機能の概要

　図3-36のように、変換前の文字列「VSCode」と、変換後の文字列、

```
<span class="vscode">VSCode</span>
```

は、それぞれ自分で入力します。

　変換前の文字列を入力するということは、その文字列を検索することですから、該当する文字列がハイライトされます。

●ひとつずつ置換していく
　図3-26で「全て置換」をすればイッパツですみますが、ちょっとお待ちください。

　図3-37のように、「2/4件」と書いてあります。
　つまり、検索された「VSCode」という文字列は4件あったことになります。

　一方、リスト3-4で置換したいのは3件です。もう1件はどこにあるのでしょうか？
　なお「2件目」というのは、図3-37でかすかにほかよりハイライト色の濃い箇所で、実は我々が置換したい最初の箇所です。

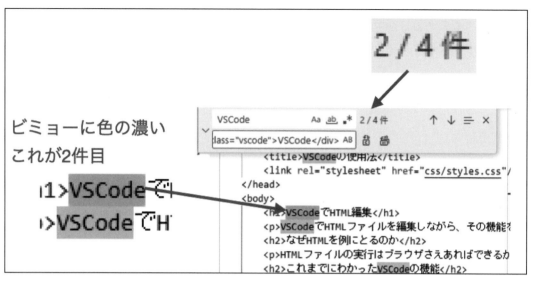

図3-37 「VSCode」という文字列が4件検索されてきた

実は、図3-37に示す「<title>」の要素です。

ここは、ページの中身ではないので、仕掛けをする意味がありません。つまり、同じ「VSCode」という文字列でも、置換したくはない箇所なのです。

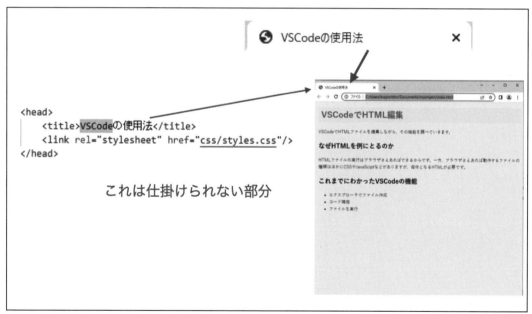

図3-37 4件のうち、この1件だけは置換したくない

このようなときは、「全置換」ではなく、「次に進む」ボタンを一回ずつ押して確かめながら「置換」ボタンを押していきます。

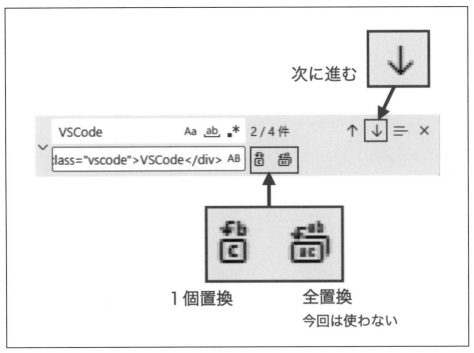

図3-38　ひとつずつ進みながら、置換していく確実な方法

図3-38では、ボタンが小さくてよく分かりませんね。
でも、**図3-39**のように「マウスオーバー」すると、なんのボタンか示されるので、毎回本書を見て確かめなくても大丈夫です。

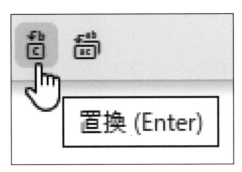

図3-39　ボタンに「マウスオーバー」すると、意味が示される

置換したくない場所に来たら、そのまま「次に進む」ボタンを押せばすみます。

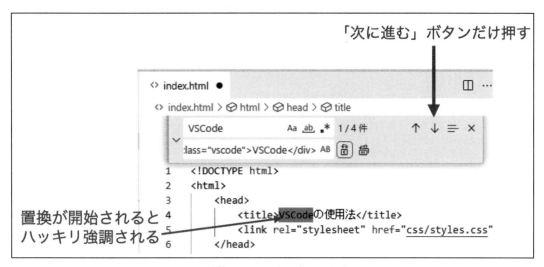

図3-40　置換しないで次に進むこともできる

　一方、「styles.css」のほうは、**図3-40**のように順調にコード補完されるので、**リスト3-5**の変換も楽でしょう。

図3-41　「styles.css」でリスト3-5を編集中に利用できるコード補完

　図3-31に示すとおり、全て保存して、エクスプローラで「index.html」を選択して、デバッグなしの実行をします。

　図3-34のように、ページ上で「VSCode」を「マウスオーバー」して色が変わることを確認してください。

■ 複数の箇所にカーソルを置いて修正する

●「出現箇所の変更」機能
　本当にあった恥ずかしい話ですが、このサンプルを作成するとき、うっかり「span」の代わりに「div」というタグを使ってしまいました。

図3-42　「span」とすべきところをことごとく「div」にしてしまった

　ちょうどよい機会です。別の方法で、「複数箇所の同じ文字列を一斉修正」してみましょう。

＊

　どこか一つ、「div」という文字列を選択しておいて、右クリックし、メニューから「すべての出現箇所を変更」を選びます。

　すると、「div」という文字列すべてのいちばん最後に、一斉にカーソルが現われますから、「span」に変更します。すべてのカーソルが動いて、同じ変更がなされていくさまは、ちょっとした見物です。

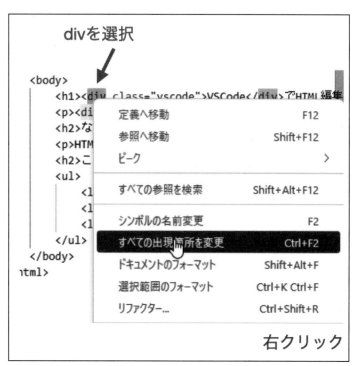

図3-43　文字列をひとつ選んで、「すべての出現箇所を変更」

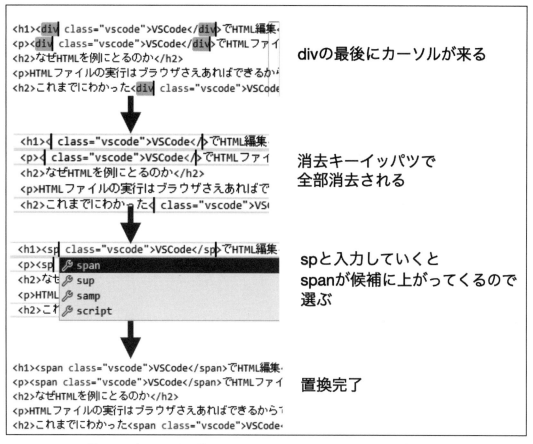

図3-44　すべての出現箇所にカーソルが現われて、操作に一斉に応答する

ひとつのファイルで検索と置換をするなら、この「すべての出現箇所を変更」が最も柔軟で爽快だと思います。

■ 複数のファイルに渡って検索・置換する

●サイドバーの検索画面

ワークベンチで開いたフォルダ中のファイルすべてに渡って、文字列の検索と置換ができます。ただし、置換したら取り消せないので、よく考えて行ないましょう。検索するぶんには、無難です。

*

サイドバーに検索画面を出すには、アクティビティ・バーの虫眼鏡のアイコンを選択します。上部に検索語と、置換語をそれぞれ入力する欄があります。

図3-45は、検索語に「vscode」と入力したところです。ファイル「index.html」と「styles.css」の両方の検索結果が表示されています。

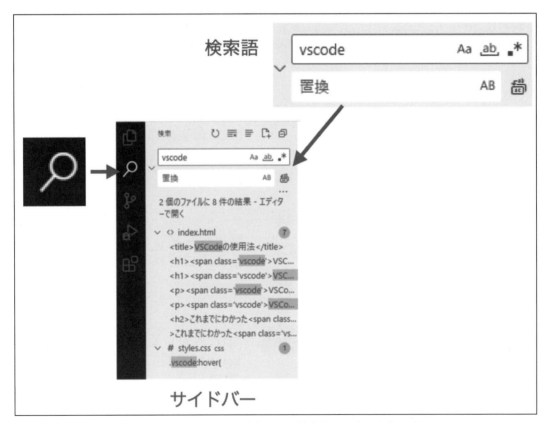

図3-45 サイドバーの検索画面に検索語を入力したところ

図3-46のように、編集中の「index.html」および「styles.css」にも、検索された文字列がすべて表示されています。

図3-46 編集中の2つのファイルにも検索された語が表示された

●大文字と小文字の区別

「index.html」を**リスト3-4**のように編集したため、大文字の混じった「VSCode」と小文字だけの「vscode」が両方記されています。

図3-45では、検索語は小文字だけの「vscode」ですが、大文字の混じったほうも検索されました。

大文字と小文字を区別して検索するには、**図3-47**のボタンを押します。これは、**図3-38**などに示した検索・置換の操作画面にもあります。

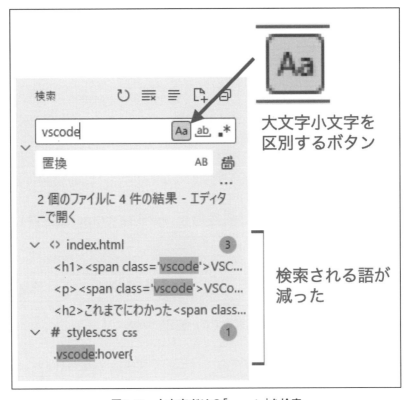

図3-47 小文字だけの「vscode」を検索

●複数のファイルに渡って置換

図3-47で、いよいよ「置換」の欄に、たとえば「vscode_color」を入れてみます。

すると、サイドバー上で検索結果として表示されていた語に、変換履歴（まだ実際には変換されていませんが）が表示されます。図3-48のような状態です。

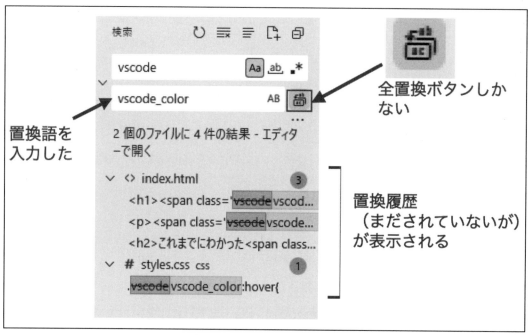

図3-48 置換語を設定した状態

図3-48に示すように、複数のファイルに渡っての置換には「全置換」しかありません。全置換のボタンを押すと、一度確認を求められます。元に戻せないからでしょう。

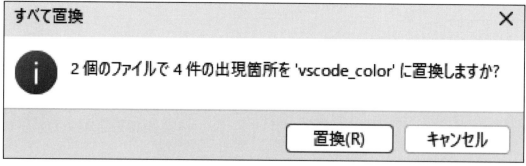

図3-49本当に置換するか確認を求められる

図3-49で「置換」を押すと、対象のすべてのファイルで、置換が行なわれます。図3-50のとおりです。

```
<body>                                            7
    <h1><span class='vscode_color'>VSCode</span>でHTML編      8    h1{
    <p><span class='vscode_color'>VSCode</span>でHTMLファ      9        color: ■olivedrab;
    <h2>なぜHTMLを例にとるのか</h2>                          10        background-color: □rgb(247, 239, 173);
    <p>HTMLファイルの実行はブラウザさえあればできるからです。   11        padding-top: 2px;
    <h2>これまでにわかった<span class='vscode_color'>VSCo   12        padding-bottom: 2px;
    <ul>                                          13        padding-left: 10px;
        <li>エクスプローラでファイル作成</li>                 14    }
        <li>コード補完</li>                           15
        <li>ファイルを実行</li>                        16    h2{
    </ul>                                         17        color: ■olivedrab;
                                                  18    }
                                                  19    .vscode_color:hover{
                                                  20        color: ■purple;
                                                  21    }
```

図3-50　「vscode」が「vscode_color」に置換された

　複数のファイルを編集し、お互いを関連付ける操作の中で、「VSCode」のいろいろな機能
を用いることができました。

＊

　次章では、さらに「JavaScriptファイル」を作成し、3件のファイルを関連させ、デバッグま
でやってみましょう。

第4章

簡単なデバッグ

さらに「JavaScriptファイル」を
追加し、「VSCode」で編集します。
そして、簡単なデバッグを体験して
みましょう。

4-1 「JavaScriptファイル」の追加で、「動くWebアプリ」

　これまで学んだ「VSCode」の使い方を駆使して、「JavaScriptファイル」を作成し、他の
ファイルも含めて編集します。

　サーバなしでも動く「Webアプリ」を作ってみましょう。

■「JavaScriptファイル」の作成

●フォルダとファイルの作成

　「ワークベンチ」の基本フォルダである「myproject」の中に、「js」フォルダを、さらにその
中に「dom.js」というファイルを作成します。「VSCode」の「エクスプローラ」で行なえます。

> ※「DOM」は、「JavaScript」でHTML文を動的に作成するプログラミングの呼称です。

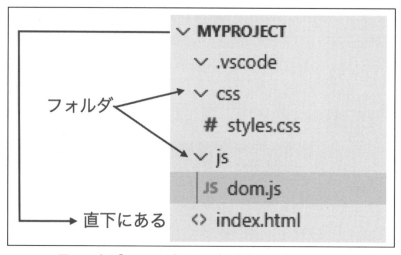

図4-1　今や「myproject」フォルダの内容はこうなっている

●エディタ領域への表示

　3つの画面を同時に見ながら作業を進めていくのは、多くの人にとってはあまり容易なこ
とではないでしょう。

　「VSCode」上のエディタは2分割のまま、左側に「index.html」を常時表示、右側に「styles.
css」と「dom.js」をタブで切り替えながら使っていくのがよさそうです。

　「index.html」と「styles.css」、「index.html」と「dom.js」という参照関係は必ずありますが、
「styles.css」と「dom.js」の直接の関係は今のところないからです（関係をもたせることもで
きます）。

したがって、**図4-2**のような作業環境になります。

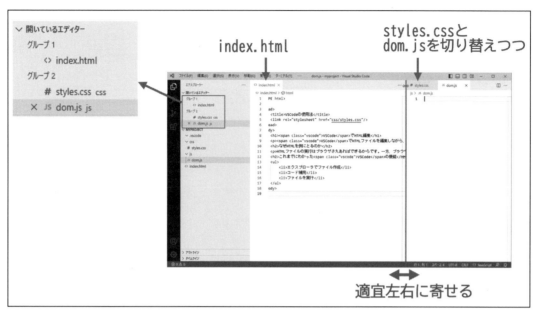

図4-2 3つのファイルを編集する作業環境

■ ファイルを編集

●「カウンタ」アプリを作ろう

作りたいのは、**図4-3**に示すように、ボタンを押すたびに数が増えていく「カウンタ」です。

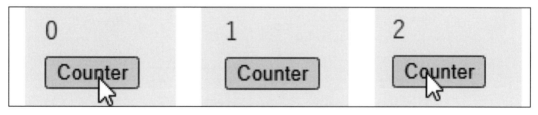

図4-3 押すたびに数が増えていく

● index.htmlの編集

「index.html」に、**リスト4-1**のように書き加えます。
`</body>`タグより前の部分に書いてください。

リスト4-1 index.htmlに書き加える

```html
<h2><span class='vscode'>VSCode</span> で JavaScript を編集 </h2>
<script src="js/dom.js"></script>
<div id="count">0</div>
<button onclick="counter()">Counter</button>
```

　本書では、「VSCode」の使用法の説明が主たる目的なので、コードの詳細な説明は省力しますが、以下の点を把握していただければと思います。

・ファイル「dom.js」を読み込む
・ボタンを押して、これから編集するJavaScriptの関数「counter」を呼び出す
・JavaScriptとCSS両方への関連付けに便利なタグの「id」を与える

　「dom.js」ファイルの読込みを記述する行は、つまりは**リスト4-1**に記したように書ければ方法はお好みでよいのですが、「VSCode」の補完をフル活用すると、**図4-4**のような手順になります。

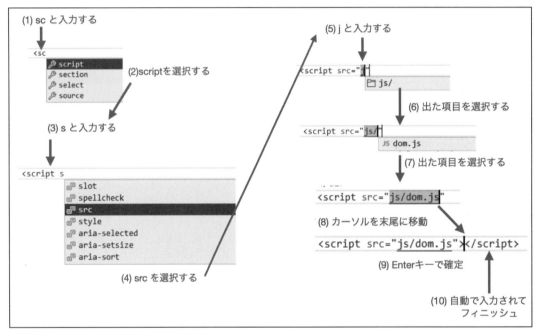

図4-4　あくまでコード補完にこだわるならばこうなる

●「dom.js」の編集

　「dom.js」の内容は、**リスト4-2**のとおりです。

リスト4-2　「dom.js」の内容

```javascript
function counter() {

    elm = document.getElementById("count");
    num = elm.innerText;
    new_num = Number(num)+1;
    elm.innerHTML = new_num.toString();

}
```

リスト4-2で行なっている動作の概要を、以下に説明します。

・「index.html」の記述の中から、「id = "count"」と書いてあるタグで囲まれた要素を見つけて、「変数elm」に渡す。
・「elm」の内容から、タグの間の文字列だけを取り出して「変数num」に渡す。
・「num」を文字列から数値に変更して、1を加え、「変数new_num」に渡す。
・「num_num」の内容を数値から文字列に変更して、「elm」の内容に設定する。

「id="count"」と書いてあるタグで囲まれた要素とは、図4-5に示す部分です。

図4-5には、その下の「<button>」タグで示される部分も示しておきますので、リスト4-2の内容と比較できるでしょう。

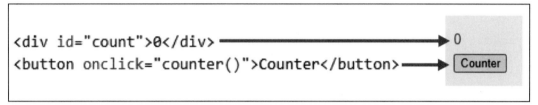

図4-5 「id="count"」で特定できる部分と、その下の「button」タグで特定できる部分

「JavaScript」のコード補完では、まず「function」があります。

図4-6のように「fu」と入力すると、2種類の「function」候補があります。
上のほうは、「文字列」としての補完で、選択すると「function」という文字列が入力されます。

図4-6では、下のほうが選択されたところです。
「function statement（関数の宣言）」という説明がついています。単なる文字列ではなく、「JavaScript」の関数を記述する枠組み全体を記入する選択です。

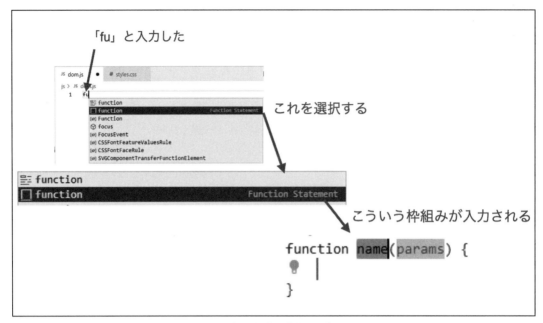

図4-6　関数の定義の「枠組み」を入力

　図4-6の枠組みは、「関数名name」と「引数名params」が最初から記入されていて、中身が空の関数です。電球の形のアイコンは、プログラミングのヒントのような機能ですが、今回は使いません。

　図4-7のように、「関数名をcounter」、「引数名はBackspace(BS)」や「Delete(DEL)」など、消去のためのキーを押して消去します。

> ※「引数(ひきすう)」とは、数学で関数をf(x)と書いておいてからxに値を代入して計算するのと同じ、関数の中でのみ使う変数のことです。
> 　プログラムの中で値を「引き渡す」、という意味で使われているのではないかと考えられています。

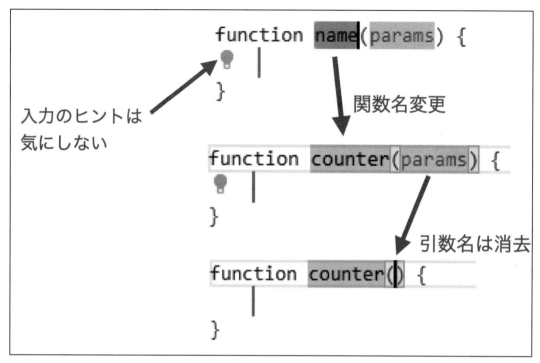

図4-7 入力された仮の枠組みから目的の枠組みを作成

図4-7のあとのコード補完は、それほど親切ではありません。図4-8程度です。

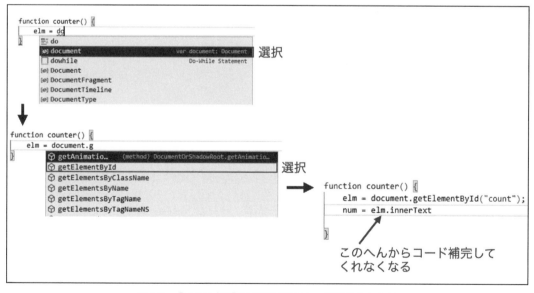

図4-8 「HTML」や「CSS」ほどはコード補完されない

理由は、「JavaScript」が「HTML」や「CSS」ほど、「定型」「お約束」の書き方に留まらないからであると言えましょう。

　おそらく、**図4-8**のように記入中、**図4-9**のように「any」という表示が、出没するのではないでしょうか。

　これは、「elm」や「num」などのいろいろな変数に渡されたデータの「型」が「不定」であることを表わします。
　どんな形のデータでも受け取りますが、そのデータにどのような関数が使えるかも予測の範囲内にないので、補完ができないというわけです。

> ※「JavaScript」は歴史が長いので、昔ながらの寛容な書き方は書きやすい一方、正確さを欠くという問題もあります。そこで、最近の「JavaScript」の規則では、データの型を積極的に指定していくこともできます。

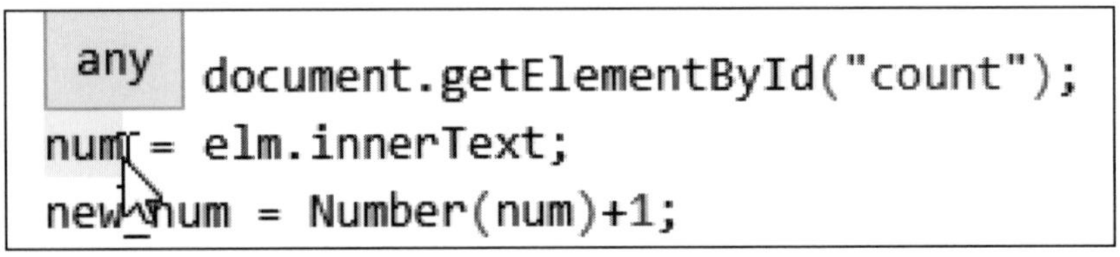

```
any  document.getElementById("count");
num = elm.innerText;
new_num = Number(num)+1;
```

図4-9　変数にマウスオーバーすると出てくる「any」とは、変数のデータの型が不定ということ

●styles.cssの編集

　リスト4-1で「<div>」タグに付けられた「id」の値「count」は、「styles.css」の書式設定でも使えます。
　「styles.css」に、**リスト4-3**のように書いてみましょう。

リスト4-3　styles.css に追記

```
#count{
    font-size: large;
}
```

　「count」の最初に「#」を付けるのが、「id」の値であることを示します。
　フォントの大きさを示す「font-size」と、選べる値は、**図4-10**のように順調に補完されることでしょう。

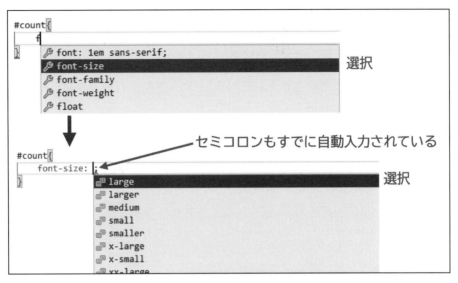

図4-10 CSSの内容は相変わらず順調

これで、<div>のタグに挟まれた数字の部分を、大きめに表示させることができます。

■ Webアプリを実行してみる

●保存して、HTMLファイルを選んで、デバッグなしで実行

3章、図3-31に示したように、ファイルをすべて保存し、エクスプローラ上で「index.html」を選び、メニューから「実行」→「デバッグなしで実行」を選び、Webブラウザ上に表示します。

これまでの記述のあとに、数字「0」とボタン部分が表示されます。ボタンを何度かクリックして、数字が増えていく行くことを確認してください。

図4-11 これまでの記述のあとに出てくるボタンをクリックして、数字が増えていくことを確認

4-2　デバッグ機能を試す

「コードエディタ」の重要な機能とされている「デバッグ」。これまで作成したWebアプリを題材に、簡単なデバッグを体験してみましょう。

■ デバッグとは

●「ちょっと見」ではわからないエラーのこと

デバッグの「バグ」は「虫」のことです。「正しく結線した電気回路がなぜか動作しないと思ったら、虫が一匹スイッチにはさまっていた」という事案から来たと言われています。

本当にあった話かどうかは別として、バグとは通常「正しいはずのコードがなぜかうまく動作しない」という場合の原因を意味し、すぐにわかる「書き間違い」とは区別します。もちろん、書き間違いもデバッグソフトウェア（デバッガ）は指摘します。

●「ちょっと見」では分からないエラーを見つけるために

では、「ちょっと見」では分からないエラーを見つけるためにはどうするかというと、いろいろ方法があります。たとえば、実行結果としては出てこない変数の値、計算途中の値の変化などを、少しずつ処理しながら監視していきます。そうした「実行時の動作の監視・解析」機能がついた管理ソフトウェアを「デバッガ」と呼びます。

■ VSCodeでデバッグするために

●実行方法の設定ファイル「launch.json」

これまでは、「図3-31のようにindex.htmlを選んで、実行-デバッグなしで実行を選びます」と注意しながら行なってきました。「すべて保存」しなければならないのは変わりませんが、VSCodeでは実行方法をあらかじめ設定ファイルに書いておいて、もっと簡単に実行する方法があります。そのファイルが「launch.json」です。

*

「launch（ローンチ）」というのは「立ち上げる」、「json（ジェーソン）」という拡張子はJavaScriptで読み込むためのデータの書式です。設定ファイルによく使われます。

「launch.json」を表示させるには、、ワークベンチ上部のメニューで「実行」を選び、そこに現れた項目一覧からさらに「構成の追加」を選びます。図4-12のとおりです。

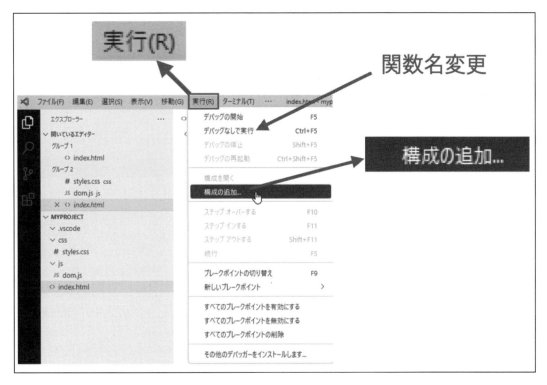

図4-12 「構成の追加」で「launch.json」を表示できる

　こうしてエディタの画面に「launch.json」が表示され、**リスト4-4**のように書いてあるもの
が見つかれば、そのまま保存せず閉じて大丈夫です。

リスト4-4 「launch.json」にこのようなものが書いてあれば大丈夫

```
{
        "type": "chrome",
        "request": "launch",
        "name": "Open index.html",
        "file": "c:\\Users\\みなさんのユーザ名\\Documents\\myproject\\index.html"
}
```

　心配な人は、**リスト4-5**のいちばん最後の行を、**リスト4-5**のように書き換えれば、今VSCo
deで開いている「myproject」フォルダがどこにあっても大丈夫です。

リスト4-5 今VSCodeで開いているフォルダを一般的に示す書き方

```
"file": "${workspaceFolder}\\index.html"
```

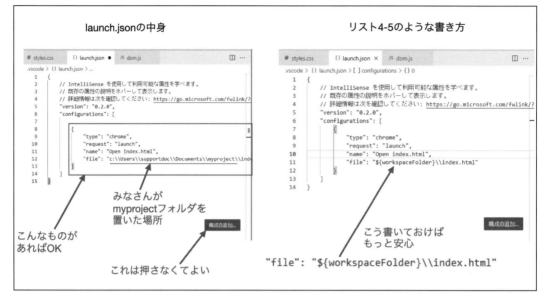

図4-13　「launch.json」に左のように自動入力されているままにするか、またはリスト4-5のように書き方を改良する

> ※日本語環境では半角の円マーク「¥」を入力すると、VSCodeではリスト4-5のように「＼」という記号で表示されるかもしれません。どちらでも同じ意味を持ちます。「＼」は、「バックスラッシュ」と呼ばれ、日本語環境でも普通に使うスラッシュ「/」の逆向きです。

　もし、リスト4-6のように書かれていたら、書き直しましょう。

リスト4-6 もしかするとこう書かれているかも知れない

```
{
    "type": "chrome",
    "request": "launch",
    "name": "Launch Chrome against localhost",
    "url": "http://localhost:8080",
    "webRoot": "${workspaceFolder}"
}
```

　違いは、「localhost」とか、「url」とか書かれていることです。これは、自分のコンピュータにWebサーバがあって、そこにWebアプリを置いて実行する高度な設定です。

　本書では、このような使い方はしません。そこで修正します。

　全部消してリスト4-3～4-4のように書き直してももちろん良いですが、せっかく記入されているので、書き換えるだけにするなら、図4-14のようにします。

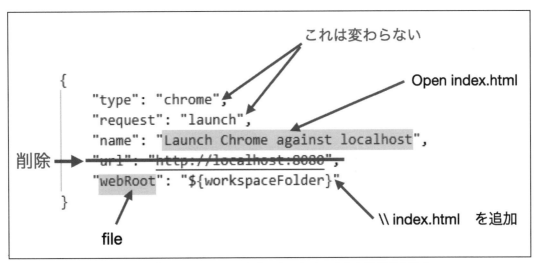

図4-14 もし、リスト4-6のように書かれているのを書き直す場合

　なお、「launch.json」が作成されると、エクスプローラに表示されます。場所は「.vscode」フォルダの中です。

　このファイルは、今作成しているソフトウェアの一部ではなく、あくまでも「VSCode」上での操作を記述するファイルです。

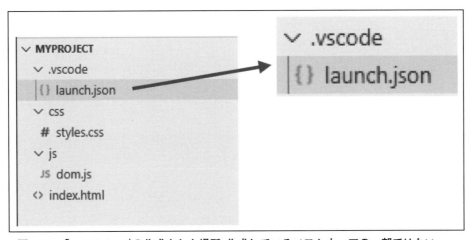

図4-15 「launch.json」の作成された場所。作成しているソフトウェアの一部ではない。

●サイドバーに「実行とデバッグ」を表示させる

　「アクティビティ・バー」に**図4-16**のように「再生っぽい記号と虫っぽい絵」のボタンがあれば、それを押します。

　もしなければ、「アクティビティ・バー」を右クリックしてメニューを出します。「アクティビティ・バー」に表示するチェックリストが出て、「実行とデバッグ」にだけチェックがないはずなので、そこにもチェックを入れます。

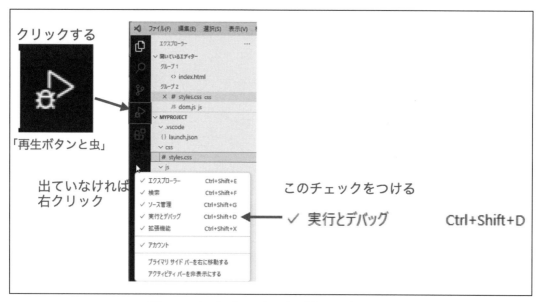

図4-16　サイドバーに表示する「実行とデバッグ」

●「実行とデバッグ」サイドバーから実行

　これからは、「実行とデバッグ」サイドバーから、**図4-17**のようにしてブラウザでの実行を命令できます。

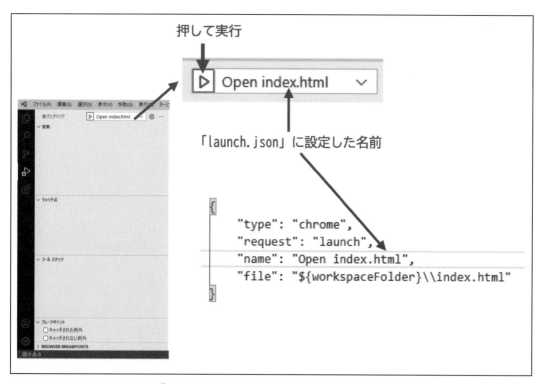

図4-17　「実行とデバッグ」サイドバーからWebアプリを実行

　図4-18のような様子で実行されます。いくつか、新しい表示がなされていますが、これらはあとで使ってみます。現時点では、「実行できた」ということが確認できればよしとして、ブラウザを閉じます。

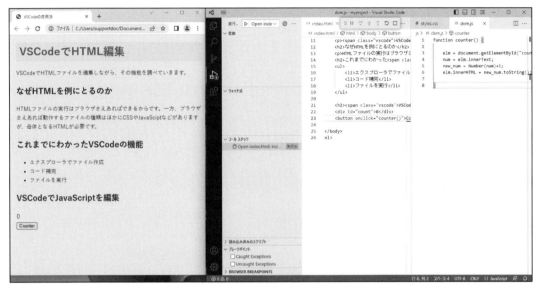

図4-18「実行とデバッグ」画面からWebアプリを実行できた

　もし、**図4-19**のように、「サイトにアクセスできません」という表示が出たら、それは「launch.json」の内容が**リスト4-6**のようになっているためと考えられます。**図4-14**などを参考にして修正してみましょう。

図4-19　「サイトが見つからない」画面が出たら、「launch.json」の内容を確認

■ デバッグをやってみよう

●「デバッグコンソール」を表示させる

「実行とデバッグ」のサイドバーを表示させるとともに、エディタの下部に「デバッグコンソール」という細長い領域を表示させたいと思います。

「コンソール」とは、ソフトウェアの目的を達成するための命令を入力したり、応答を表示させたりする画面です。

> ※英語で「慰め、心の癒やし」を意味するconsoleとスペルは同じですが、直接の由来ではないと考えられています。確かに、コンソールを使っていて心の癒やしにはあまりなりません。

図4-20のように、ワークベンチ上部のメニューから、「表示」→「デバッグコンソール」を選びます。

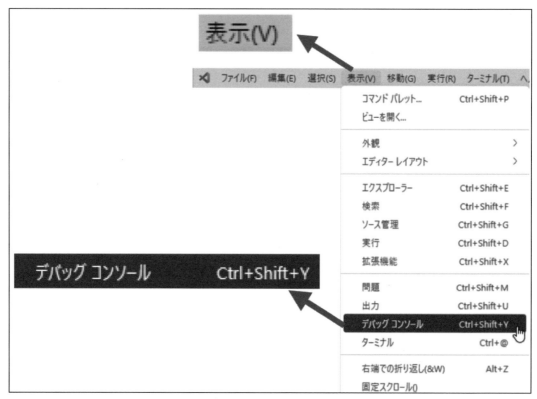

図4-20　デバッグコンソールを表示させる

図4-21のように、ワークベンチの下側に新しい領域が現われます。

「デバッグコンソール」以外にも、プログラミング言語や開発するソフトウェアの用途に合わせていくつかの入出力用画面に切り替えられるようになっています。

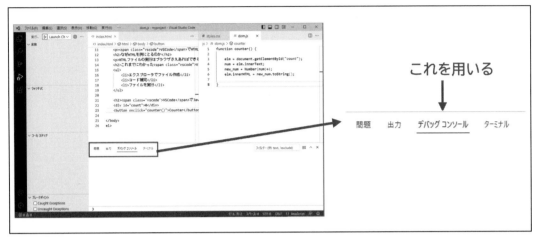

図4-21　下部領域に現れた「デバッグコンソール」

この「デバッグコンソール」を使ってみましょう。

●書き間違いがあった場合

　「HTML」と「JavaScript」で動くしくみのWebアプリでは、書き間違いがあっても、ブラウザにエラーの表示が出ることはありません。

　たとえば、「dom.js」に定義した関数の名前を間違えて「counter」ではなく「bounter」にしてみます。

　HTMLファイルの記述は変えません。両者に、**図4-22**のように齟齬（そご）が出ます。

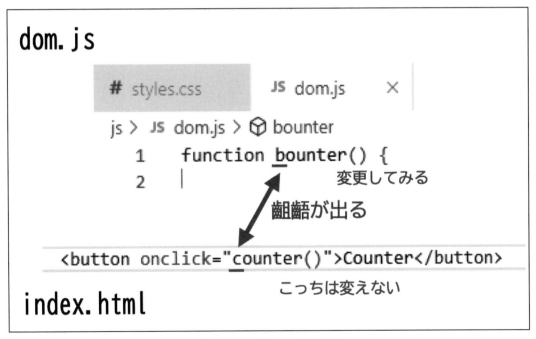

図4-22　「dom.js」の関数の名前を間違えてみる

「dom.js」を保存して、「デバッグと実行」画面から実行します(図4-17)。

Webページが表示されたら、「Counter」ボタンを押してみてください。
Webページ自体には、何も表示されません。
ただ、数字が変化しません。「表示はされるが、思ったとおりに動かない」という状況です。

しかし、デバッグコンソールに「参照エラー：counterが定義されていません」というエラーが表示されます。
そして、場所が「index.html」の23行目に書かれている「onclick」であることも検知されます。

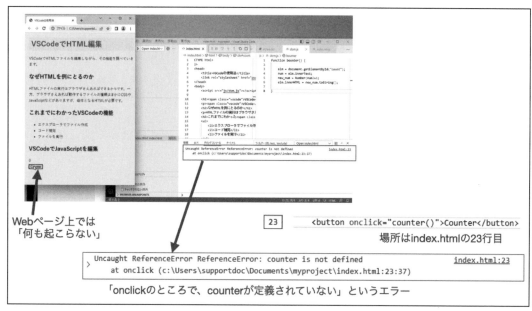

```
23        <button onclick="counter()">Counter</button>
                              場所はindex.htmlの23行目
```

```
> Uncaught ReferenceError ReferenceError: counter is not defined        index.html:23
      at onclick (c:\Users\supportdoc\Documents\myproject\index.html:23:37)
```
「onclickのところで、counterが定義されていない」というエラー

図4-23　Counterボタンをクリックしたときに、デバッグコンソールにエラーが表示される

一度ブラウザを閉じます。これで実行が終了されます。

●エラーメッセージを詳しく見る

「dom.js」の関数名は「counter」に修正し、今度は変数をnumからmumに変更します。

ファイルを保存し、再び「実行とデバッグ」サイドバーから実行します。

Webページ上でボタンをクリックしてみてください。やはり、Webページ上では何も起こりませんが、デバッグコンソール上では図4-24のとおりのエラーが表示されます。

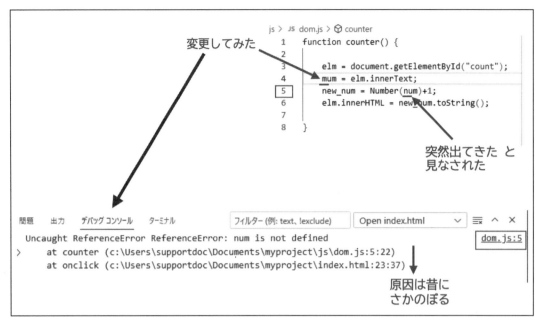

図4-24　関数counterの中で書き間違いがあった場合

図4-24では、変数numが定義されていないというエラーです。

　本当は、「num」は「dom.js」の**4行目**で定義したのですが、今それを変更して「mum」という別の変数名にしています。

　そこで、**5行目**でnumが突然出てきたと見なされたのです。したがって、エラーの箇所は「dom.js」の**5行目**です。

　しかし、**図4-24**に見るように、「dom.js」の関数counterは、index.htmlの23行目のonclickで呼び出されたものだというように、原因が昔にさかのぼって記述されます。

　このように、手順の古いものから新しいものへ積み上げて記載することを「スタック（積むという意味）」と呼びます。

　では、ブラウザを閉じて、実行を終了します。
　そして、「dom.js」を元のとおり正しい書き方に直して、保存します。

■ デバッグで変数の値の変化を観察

●デバッグコンソールでの評価

　デバッグの機能を用いて、Webアプリを実行したときの、関数counterに定義した変数の値の変化を追ってみましょう。

　以下の手順を行ないます(図4-25)。

---

(1)「dom.js」の内容は正しく戻しましたね。

(2)「実行とデバッグ」サイドバーから実行します。

(3)Webページが出たら、Counterボタンを一回クリックしてください。

(4)Webページ上の数値が0から1に増えましたね。

(5)このとき、dom.jsのファイルの中で、関数counterの変数numを選択します。

(6)右クリックしてメニューを出します。

(7)「デバッグコンソールでの評価」を選びます。

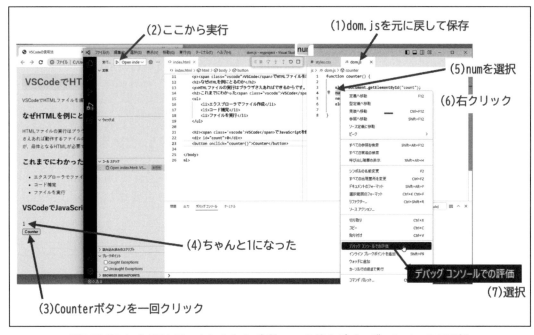

図4-25 ボタンを1回クリックしたとき、変数numの値をデバッグコンソールで評価

　そして、デバッグコンソールをご覧ください。**図4-26**のように「num」の値は'0'であると表示されています。

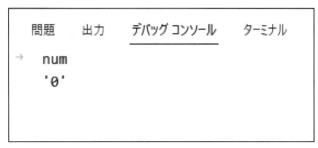

図4-26　numの値が'0'であると評価された

　Webページのほうはそのままにして、変数new_numを選択して「デバッグコンソールで評価」してみます。

　さらに続けて、式elm.innerHTMLについても行なってみます。

> ※デバッグにおける「評価」とは、良し悪しの判断ではなく、ある変数や式の値がいくつか、何かを調べることです。
> ※elmは変数ですが、elm.innerHTMLは変数elmからinnerHTMLという属性を取り出す「式」と考えます。

　図4-26に表示された変数numの評価に続いて、「new_num」は「1」、「elm.innerHTML」は「'1'」という評価が表示されます。**図4-27**のとおりです。

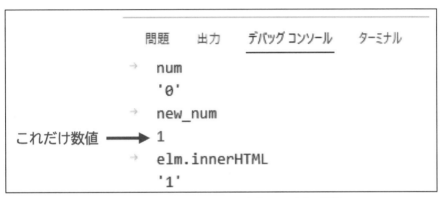

図4-27　1回カウントしたときの変数および式の評価

　流れを追うと、以下のようになります。

・クリックしたとき、Webページに最初に表示していた文字列 '0' を読み取って、変数numに渡す。

・numの値を数値に変換して1を加え、変数new_numに渡す。そのため、new_numは数値として評価される。

・「new_num」をさらに文字列に変換して「elm.innerHTML」に渡す。そのため、「elm.innerHTML」の評価は文字列 '1' となる。

●デバッグ終了

　デバッグを終了するには、ブラウザを閉じてもよいですが、**図4-28**のようにデバッグを開始すると、ワークベンチ上方に現われるデバッグ制御用のボタン群から、「停止ボタン」を押すと確実です。

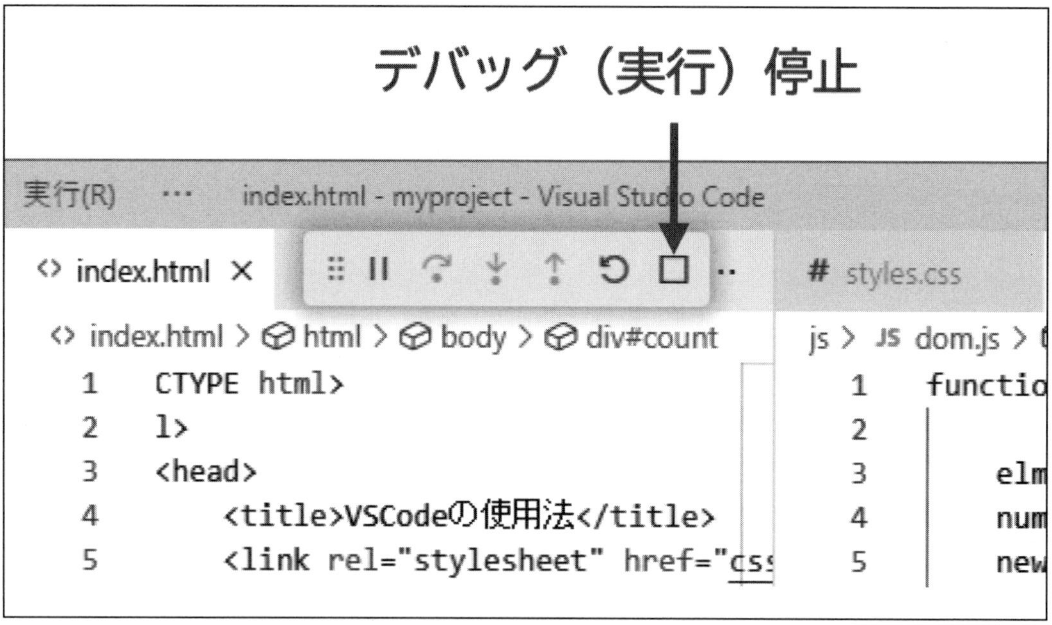

図4-28　デバッグおよび実行そのものを停止するボタン

■「ウォッチ」の使い方

●「ウォッチ」に変数を追加

デバッグコンソールでの変数の評価は、毎回変数を選択して右クリックで…なので大変です。

そこで、サイドバーにある「ウォッチ」に変数を追加しておいて、少しずつ実行しながら変数の変化を見ていきます。

「dom.js」の関数counterに定義した変数numを「ウォッチ」に追加するには、numを選択し、右クリックでメニューを出して「ウォッチに追加」を選びます。

なお、ここでの「ウォッチ」の意味は「時計」ではなく、「注目」という意味です。

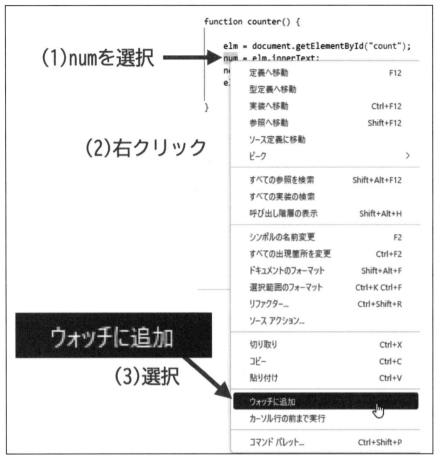

図4-29 変数numを「ウォッチに追加」

すると、「実行とデバッグ」サイドバーの「ウォッチ」という欄に変数numが追加されます。「使用不可」というイヤな感じの表示がありますが、まだデバッグを開始していないためです。

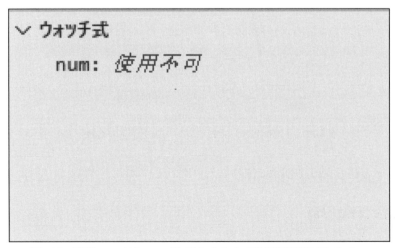

図4-30 変数numがウォッチに追加された。「使用不可」は気にしない

続いて「変数new_num」と、もうひとつは「new_num.toString()」という式のほうをウォッチに追加します。図4-31に示す部分です。

```
elm.innerHTML = new_num.toString();
```

図4-31　「new_num.toString()」という式を選択してウォッチに追加

●ブレークポイントを設定

Webアプリでは、ボタンをクリックすると一瞬ですべての処理が終了しますが、ウォッチを使うには、適当なところで処理を止め、そこから1つずつ処理を進めていきます。
この、処理を止める場所を「ブレークポイント」と呼びます。

「適当なところ」は、ウォッチに追加した変数や式の中で、最初に出てくる「num」の直前あたりにしておきます。

「VSCodeではコードを入力する画面の「行番号」が表示されているところのさらに左側をマウスオーバーすると、ちょうど1行分の高さくらいに収まる小さな赤い丸が現われます。

クリックすると、確定され、ブレークポイントになります。図4-32では、3行目にブレークポイントを置きました。

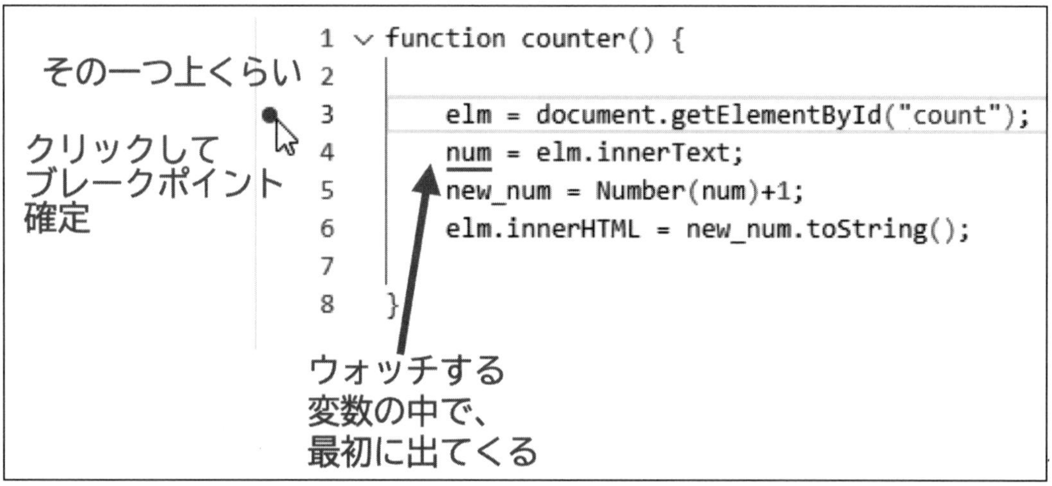

```
1  ∨  function counter() {
2
3        elm = document.getElementById("count");
4        num = elm.innerText;
5        new_num = Number(num)+1;
6        elm.innerHTML = new_num.toString();
7
8  }
```

その一つ上くらい

クリックして
ブレークポイント
確定

ウォッチする
変数の中で、
最初に出てくる

図4-32　「dom.js」の3行目にブレークポイントを置いた

これで、ウォッチを使う準備はできました。「実行とデバッグ」サイドバーから実行します。

●ブレークポイントの状態

Webページが現われたら、「Counter」をクリックします。
カウントが「0」から変わらなくても、気にしないでください。ブレークポイントを設定した

ので、処理がカウントを更新するところまで行っていないのです。

　ウォッチに追加した3つの変数および式が一斉に赤いエラーを出していますが、これも気にしないでください。むしろボタンをクリックしてJavaScriptが起動したので、「使用不可」が「エラー」に昇格したと考えます。

　一方、エディタの「dom.js」を見てください。ブレークポイントのところに、ポインタがあります。
　今、3行目の処理を行なう直前であることを示します。まだ完了していません。
　ここから処理を進めるには、デバッグ制御用ボタン群の「ステップイン」ボタンを押します。
*
　以上、図4-33は、ステップインボタンを押す直前の様子です。

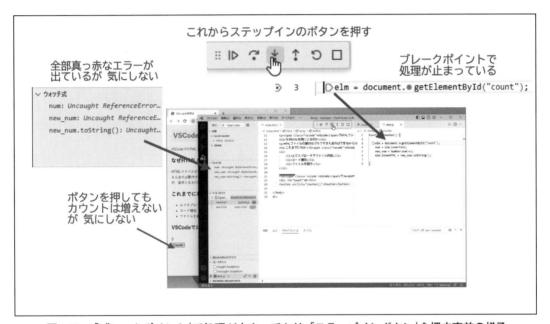

図4-33　「ブレークポイント」で処理が止まっており、「ステップインボタン」を押す直前の様子

　図4-33で、サイドバーには他にも実行状況が示されています。

　「コールスタック」（関数などの呼び出し状況）では、図4-24と同じように、まず「index.html」の23行目にある「onclick」が読み込まれ、そこから「dom.js」の3行目にある関数counterが呼び出されていることを示しています。

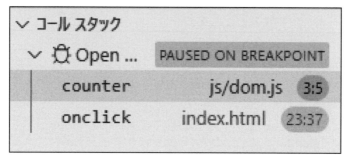

図4-34　「コールスタック」は、ファイルのどこから何が呼び出されているかを示す

　同じく、サイドバーにある「ブレークポイント」では、ファイル「dom.js」の3行目にブレーク
ポイントがあることを示しています。

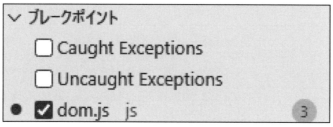

図4-35　「ブレークポイント」がdom.jsの三行目にあることを示す

●「ステップイン」ボタンを押して行く

　「ステップイン」ボタンを押して行くと、エディタに表示されている「dom.js」上のポイン
タが下に下がっていきます。

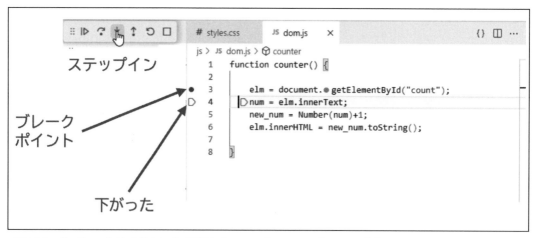

図4-36　「ステップイン」ボタンを1回押したので、ポインタがブレークポイントからひとつ下にさがった

　図4-37の箇所まで行くと、4行目の処理は終わったので、変数numに値 '0' が渡され、めでたくウォッチの変数numに値が表示されます。

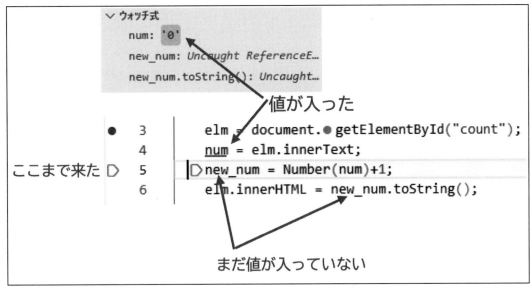

図4-37　4行目に来て変数に値が入り始める

　関数を全部終了して抜けるには、「ステップアウト」ボタンを押します。
　図4-38では、ステップアウトでdom.jsの関数counterは完了させて、HTMLに制御が移ったところです。

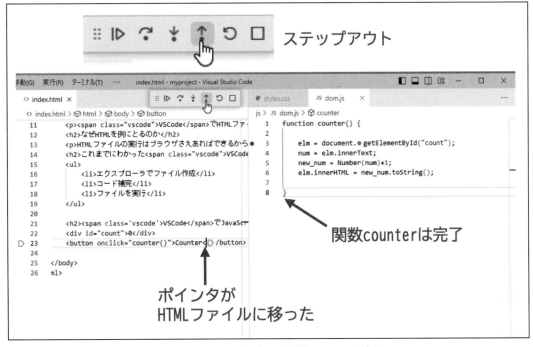

図4-38　ステップアウトで関数counterは完了

　もう一度ステップアウトすると、一回の「カウント」処理をすべて終えます。

　ファイル上のポインタはなくなり、デバッグ制御ボタンで使えるのは、Webアプリの再起動か終了しかなくなりました。

　ここまできたら、Webページの「Counterボタン」を再び押して、ウォッチの変数や式の値がどうなるか、調べると面白いでしょう。

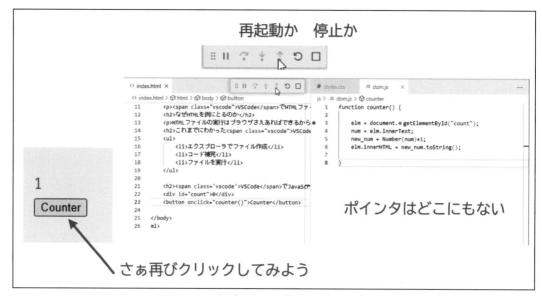

図4-39　1回の「カウント」処理をすべて終える

　たとえば、**図4-40**はWebページのカウンタが「1」に更新された状態でCounterボタンをクリックし、処理が第2ラウンドの途中まで来た状態を示します。

　変数numだけが '1'に更新され、他の値はまだ更新されていないので、プログラム実行の過渡的状態を見ることができます。

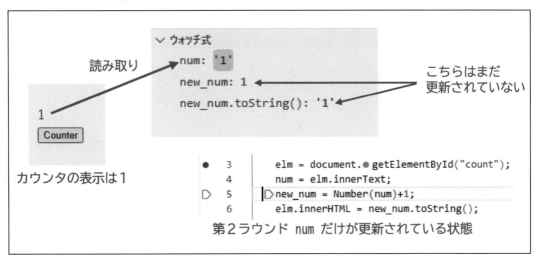

図4-40　結果には現れない過渡的な状態を把握できる

＊

　以上、「VSCode」では、プログラムの処理の過程を詳細に分析できるデバッグ機能が備わっています。

　ウォッチに追加する変数や、ブレークポイントの場所などは、プログラマーのセンスに依るところが大きいかも知れません。

＊

　おつかれさまでした。「VSCode」には他にもいろいろな機能があります。複雑なプログラミングをするようになったら、果敢に試してみてください。

　「こんな機能はないのか？」と探してみると、手間を大幅に省いてくれる機能があるかもしれません。

付録について

　本書、『みんなが使っている！ VSCode超入門　〜プログラマーを目指すなら確実に身につけたい必携ツール〜』には、2つの付録PDFを用意してあります。

　工学社の公式サイト（http://www.kohgakusha.co.jp/）の本書のページ（サポート）から、付録PDFやサンプル・コードをダウンロードできます。

【付録PDF①】　VSCodeで「ターミナル」を使う

　本書では、"ブラウザを開けば実行できる"HTML文書を例に「VSCode」の使い方を説明してきましたが、プログラム開発では、「ターミナル」を開いてコマンド入力をすることが案外多くあります。

　たとえば、開発に必要なライブラリのインストール、ファイルやフォルダの自動作成などです。そのときは、「VSCode」からターミナルを開いて使うことができます。

【付録PDF②】　VSCodeの拡張機能

　「VSCode」にはいろいろな目的に特化した「拡張機能」がマイクロソフトや各プログラミング言語の開発元、第3者などから提供されています。
　ただ、使い方が独特だったり、依存するソフトウェアがあったりというものも少ないので、本書では「拡張機能」の導入については説明していません。

　この付録PDFで、少し紹介しますので、関心のある方は試して見るといいでしょう。

※この本文テキストは、ダウンロードできるPDFと同じものです。説明画像は、ダウンロードPDFのほうが拡大できて分かりやすいので、そちらを参照してください。

ターミナルとは

●キーボードから字で命令を入力する画面

今でも、スーパーコンピュータやデータセンターなどでは、限られた場所に高性能の計算機が置かれていて、操作者は遠隔から、操作命令だけの機能を備えた簡単なコンピュータを使います。

今はこうした操作専用機も他のことがいろいろできるパソコンだったりしますが、以前は本当に操作命令の入力と中央の計算機からの応答を表示するだけの機能しかもたず、「計算」はしない「端末（ターミナル）」でした。

今のパソコンでもこの名残で、「キーボードから字で自機のOSに命令を入力する画面」を「ターミナル」と呼びます。

●「コマンドプロンプト」とか「パワーシェル」とか呼ぶのは

「VSCode」は、「Windows」や「Mac」や「Linux」など、複数のOSで動きます。

OSによってターミナルの役割をするソフトウェアの名前が異なり、Windowsのターミナルは古くは「コマンドプロンプト」と「パワーシェル」です。

「コマンドプロンプト」は「命令の入力を促すもの」のような意味です。

「シェル」は、本当は面倒臭いシステムの操作命令を、少しでも人間に分かりやすくするためのソフトウェアで「殻」のように覆うイメージから来ています。

「Windows 7」から、Windowsの標準ターミナルは「パワーシェル」です。

そこで、「VSCode」で「ターミナル」に関係する操作は、標準では「パワーシェル」を用いますが、コマンドプロンプトを選ぶこともできます。

VSCode上で操作するターミナル

●ターミナルを表示させる

「VSVoCode」のワークベンチ上部のメニューには、**図1**のように「ターミナル」という「ターミナルを開く」を選ぶと、パワーシェルが現われます。

本書で「デバッグコンソール」を表示させた場所と同じワークベンチの下側で、タブで切り替えます。

図1　VSCodeでの標準的なターミナルの開き方

●VSCodeで開いたフォルダから開いている

ターミナルは、「どこから開いたか」「今、どこにいるか」が大切です。

「どこ」とはフォルダで、「今いるフォルダ」からの相対位置で操作したいファイルを特定できるからです。

図1の方法でターミナルを開くと、「VSCode」で開いたフォルダからターミナルを開き、そのフォルダから操作することになります。

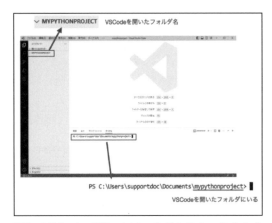

図2　VSCodeで開いたフォルダからターミナルも開いている

●内部のフォルダからもターミナルを開ける

「VSCode」の「エクスプローラ」上のフォルダを選択して、右クリックすると、メニューの中に「ターミナルを開く」という項目があります。

この操作では、選択したフォルダからターミナルを開けます。

一度開いたターミナルは明示的に閉じるまで開いたままなので、他のフォルダからも開いて置いてターミナルを切り替えれば、ターミナル上のフォルダ移動コマンド「cd」を使って行ったり来たりする必要がありません。

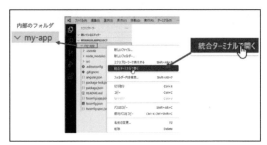

図3　エクスプローラで選択したフォルダからも「ターミナル」を開ける

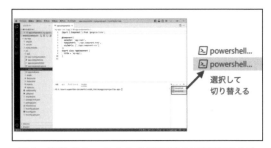

図4　複数のターミナルを切り替えて操作できる

●どうしてもコマンドプロンプトを使いたい場合

Windowsの「ターミナル」として「コマンドプロンプト」を使い慣れている人にとって、ちょっとした操作をしたいだけなのに「パワーシェル」にガンガンエラーメッセージを吐かれて辟易することもあります。

いずれはなくなるらしい「コマンドプロンプト」なので、「パワーシェル」に慣れておくのが良いとは思いますが、ちょっとこの操作くらいコマンドプロンプト使ってもいいじゃないのというときは、図5のようにターミナルの「＋」ボタンから、コマンドプロンプトのターミナルを新規に開けます。

図5　ちょっとコマンドプロンプト使わせてよと言う場合

●使わないターミナルを破棄する

　使わないのに複数のターミナルを開いておくとメモリの無駄なので、破棄するには図6のようにゴミ箱ボタンで消します。

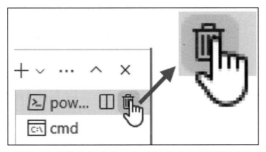

図6　もう使わなくなったターミナルは破棄する

●ターミナル画面を大きくする

　ターミナル画面を少し広げるには、他のウィンドウと同じように図7の要領で広げられますが、一時的に最大化したいときは図8の上向き三角のボタンを押します。

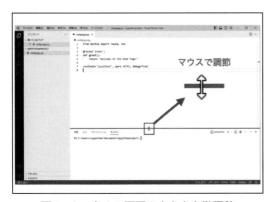

図7　ターミナル画面の大きさを微調整

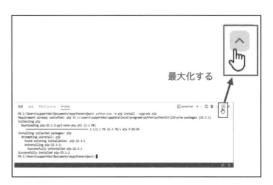

図8　ターミナル画面を一時的に最大化

　元に戻すには、同じ場所で図9のように下向き三角に変わったボタンを押します。

図9　もとの大きさに戻す

索 引

[著者略歴]

清水美樹（しみず・みき）

技術系フリーライター。初心者用の解説本を得手とする。東京都で生まれ、
宮城県仙台市で育ち、東北大学大学院工学研究科博士課程修了。工学博士。
同学助手を5年間務める。当時の専門は、微粒子・コロイドなど実験中心で、
コンピュータやプログラミングはほぼ独習。技術系英書の翻訳も行なう。

[主な著書]

- ・キャリアアップのための Go 言語入門
- ・はじめての Rust
- ・Python の「マイクロ・フレームワーク」「Flask」入門
- ・Bottle 入門，工学社
- ・パッと学ぶ「機械学習」，工学社
- ・大人のための Scratch，工学社
- ・はじめての Play Framework，工学社
- ・はじめての Java フレームワーク，工学社
- ・Java ではじめる「ラムダ式」，工学社
- ・はじめての Kotlin プログラミング，工学社
- ・はじめての Angular4，工学社
- ・はじめての TypeScript 2，工学社
- ……他、多数執筆。

質問に関して

本書の内容に関するご質問は、

① 返信用の切手を同封した手紙
② 往復はがき
③ FAX (03) 5269-6031
　（ご自宅の FAX 番号を明記してください）
④ E-mail　editors@kohgakusha.co.jp

のいずれかで、工学社編集部宛にお願いします。電話によ
るお問い合わせはご遠慮ください。

サポートページは下記にあります。
[工学社サイト] https://www.kohgakusha.co.jp/

I/O BOOKS

みんなが使っている！VSCode 超入門
〜プログラマーを目指すなら確実に身につけたい必携ツール〜

2023 年 6 月 30 日　初版発行　ⓒ 2023

著　者　　清水美樹
発行人　　星　正明
発行所　　株式会社工学社
　　　　　〒 160-0004 東京都新宿区四谷 4-28-20　2F
電話　　　(03) 5269-2041 (代) [営業]
　　　　　(03) 5269-6041 (代) [編集]
振替口座　00150-6-22510

※定価はカバーに表示してあります。

[印刷] シナノ印刷 (株)　　　　　　　　　　ISBN978-4-7775-2256-9